U0068071

# 光輝不再

金竟仔、嘉安、 剛田武　合著

天空數位圖書出版

# 目錄

金竟仔

星光雲集的紐約宇宙　　　　　07

土耳其國家隊　　　　　　　　09

奈及利亞　　　　　　　　　　11

匈牙利國家足球隊　　　　　　13

羅馬尼亞國家隊　　　　　　　17

喀麥隆國家足球隊　　　　　　21

紐維爾舊男孩　　　　　　　　23

歐塞爾　　　　　　　　　　　25

索察　FC Sochaux　　　　　　27

卡達足球國家隊　　　　　　　29

塞爾維亞國家隊　　　　　　　31

威爾斯代表隊　　　　　　　　33

烏拉圭國家足球隊　　　　　　37

奧地利國家隊　　　　　　　　41

波蘭　　　　　　　　　　　　43

卡塔尼亞　　　　　　　　　　47

塞內加爾　　　　　　　　　　51

象牙海岸　　　　　　　　　　55

美國　　　　　　　　　　　　59

埃及　　　　　　　　　　　　63

# 目錄

嘉安

帕爾馬　　　　　　　　　67

南斯拉夫　　　　　　　　69

紐卡索聯　　　　　　　　73

米德斯堡　　　　　　　　77

沙爾克 04　　　　　　　 81

貝爾格勒紅星　　　　　　85

布雷西亞　　　　　　　　87

PSV 恩荷芬　　　　　　　91

波爾多 Bordeaux　　　　 95

聖保羅　　　　　　　　　99

東德足球隊　　　　　　　101

諾丁漢森林　　　　　　　105

阿斯頓維拉　　　　　　　109

凱撒勞頓　　　　　　　　113

切沃　　　　　　　　　　117

格羅寧根　　　　　　　　121

帕梅拉斯　　　　　　　　125

布萊克本流浪者　　　　　127

里茲聯　　　　　　　　　131

桑普多利亞　　　　　　　135

# 目錄

剛田武

| | |
|---|---|
| 川崎讀賣 | 139 |
| 蘇聯國家隊 | 141 |
| 卜公體育會 | 145 |
| 巴士 | 149 |
| 東方足球隊 | 151 |
| 南華 | 155 |
| 星島體育會 | 159 |
| 愉園 | 161 |
| 精工 | 165 |
| 寶路華 | 169 |
| 智利 | 173 |
| 德比郡 | 177 |
| 捷克斯洛伐克 | 181 |
| 秘魯 | 183 |
| 拉科魯尼亞 | 187 |
| 巴拉圭 | 191 |
| 斯圖加特 | 195 |
| 博卡青年 | 199 |
| 哥倫比亞 | 203 |
| 摩納哥 | 207 |

# 光輝不再

# 星光雲集的紐約宇宙

作者：金竟仔

金竟仔

# 光輝不再

　　紐約宇宙隊（New York Cosmos）是一支美國職業足球隊，這支球隊成立於 1971 年，曾經擁有 Pele、Johan Cruyff 及 Beckenbauer 等一流球星。

　　紐約宇宙隊在 1971 年至 1984 年間是屬於北美足球聯賽（NASL）的參賽球隊，是聯賽中的一流強隊，一度簽下 Pele、Johan Cruyff 及 Beckenbauer 等球星，並且 5 次拿到總冠軍。只是，球隊因為入不敷支嚴重虧損，1983 年起出售球星，然後 NASL 聯賽更於 1984 年倒閉。紐約宇宙隊後來試圖獨立運營球隊，但仍然在 1985 年宣布解散，只保留足球學校。

　　去到 2010 年球隊重組，找來前法國球星 Eric Cantona 出任總監，參加嶄新的 North American Soccer League，2014 至 2015 年更有西班牙著名球星 Raul 短暫加盟。目前紐約宇宙隊仍然存在，本季參加 NISA 聯賽(National Independent Soccer Association)。

# 土耳其國家隊

作者：金竟仔

金竟仔

# 光輝不再

　　土耳其國家隊成立於 1923 年，由於它的地理位置處於亞洲和歐洲之間，因此他們在 1962 年選擇脫亞入歐，從此成為歐洲球隊。

　　土耳其當初被視為實力差勁的「魚腩球隊」，經常大敗。到了 90 年代及千禧年代，土耳其在國際賽的戰績提升不少，代表作是 2002 年日韓世界盃拿到季軍，當時有出色射手 Hakan Sukur 及門將 Rustu Recber，一前一後支撐起球隊。然而，隨著這群黃金一代退下，土耳其無以為繼，連續缺陣 2006、2010、2014 及 2018 世界盃決賽圈。

　　在歐國盃層面，他們最好一次是 2008 年打入四強，2016 及 2020 賽事則是分組賽止步。土耳其聯賽有費內巴切（Fenerbahce）、加拉塔薩雷（Galatasaray）、貝西克塔斯（Besiktas）等豪強支撐，但和歐洲主流聯賽相比仍有差距，近年也沒有出產一流球星，因此在國際賽場遲遲未見突破。

# 奈及利亞

作者：金竟仔

# 光輝不再

奈及利亞首次晉級世界盃決賽圈是 1994 年，至今曾經 6 次參加這個最後階段，但 1994、1998 及 2014 年 3 次都是十六強止步，另外 3 次則是分組賽出局。

奈及利亞在 1980 年、1994 年及 2013 年三度贏得非洲國家盃冠軍，亦於 1996 年擊敗阿根廷獲得奧運金牌，有過短暫的好日子。在 90 年代是一支體力化兼快上快落的非常勁旅，外號超霸鷹，前中後三線擁有 Kanu、Lawal、Amokachi、Babangida、Okocha、Oliseh、West 及 Babayaro 等好手，因此在 1994 及 1998 世界盃都打進十六強。

只是在這群 90 年代的黃金一代退場之後，超霸鷹近二十年出產的球星不多，2018 年世界盃決賽圈都是小組賽出局。且看這支超霸鷹能否打入來屆世界盃決賽圈，再次為球迷帶來驚喜。

# 匈牙利國家足球隊

作者：金竟仔

金竟仔

# 光輝不再

匈牙利國家足球隊，曾是上世紀五十年代的偉大球隊，更有一代球王 Ferenc Puskas 效力。

早在二十世紀五十年代，匈牙利足球壇已經人才輩出，出產了不少球星如 Ferenc Puskas、Sandor Kocsis、Jozsef Bozsik 和 Nandor Hidegkuti。匈牙利由 1950 年 5 月 14 日起至 1956 年 2 月 18 日，除了 1954 年世界盃決賽爆冷敗給西德 2：3 外，在此期間錄得 43 勝 7 和的不敗成績。

由 1950 年 5 月 14 日至 1954 年 7 月 4 日期間，匈牙利更錄得連贏 33 場國際賽的驕人成績，毫無疑問是這段時間的世界第一球隊。在世界盃舞台，匈牙利得過兩屆亞軍，包括 1938 年決賽以 2：4 負義大利、1954 年決賽以 2：3 負西德。另外，匈牙利也保持在世界盃決賽圈一場賽事中入球最多的紀錄，在 1982 年世界盃決賽圈小組賽，匈牙利首場賽事對薩爾瓦多攻進 10 球，以 10：1 大勝對手，這個紀錄至 2018 年仍末被打破。

然而，1956 年匈牙利革命爆發，政治影響令到人才大量流失，競爭力也逐漸滑落，匈牙利足球在上世紀八十年代開始大幅衰退。自 1990 年起匈牙利便從未晉身過世界盃決賽圈，由 1976 年至 2012 年間未晉

身歐洲國家盃決賽圈。不過，匈牙利在今年歐洲國家
盃決賽圈打入小組賽，更加逼和法國及德國隊，即使
小組出局，表現仍然有驚喜。

# 光輝不再

# 羅馬尼亞國家隊

作者：金竟仔

金竟仔

# 光輝不再

　　羅馬尼亞國家隊在二次大戰前曾出席首三屆世界盃（1930 年、1934 年、1938 年），當時只有巴西和法國能做到，他們也是法國、比利時及南斯拉夫以外第 4 支有參與 1930 年首屆世界盃的歐洲球隊。

　　二次大戰後至八十年代，這四十多年間，羅馬尼亞僅曾在 1970 年打入世界盃決賽圈。這支東歐國家隊最風光是九十年代，當時國內班霸布加勒斯特星隊在歐洲賽有強橫表現，羅馬尼亞連續三次打入世界盃決賽圈（1990 年、1994 年、1998 年），並且全部突破分組賽。1994 年美國世界盃，他們更在十六強賽淘汰兩屆世界盃冠軍阿根廷，最後在八強賽僅在十二碼大戰輸給瑞典，這也是他們世界盃歷史上最佳戰績。自 1998 年法國世界盃決賽圈之後，他們此後五屆都與最後階段絕緣，能否打入 2022 世界盃決賽圈仍有待觀察。

　　羅馬尼亞史上最佳中場正是九十年代大勇的 Gheorghe Hagi，這位左腳將甚至被譽為東歐版馬拉度納（Maradona），曾經踢過皇家馬德里（Real Madrid）及巴塞隆納（Barcelona）。Gheorghe Hagi 目前是國內球隊 Farul Constanta 的領隊，同時開設以自己名字為名的足球學院，他的兒子 Ianis Hagi 現正效力格拉斯哥流浪，而且在 2019 年帶領國家隊在 U21 歐國盃打

入四強，且看這支東歐球隊未來幾年能否復甦，再次帶來驚喜。

羅馬尼亞近年由於國家經濟連年不振，足球人才凋零，羅馬尼亞自 2000 年後只有在 2000 年、2008 年及 2016 年三屆歐洲國家盃晉身決賽圈，羅馬尼亞更在廿一世紀從未晉級世界盃決賽圈。

# 光輝不再

# 喀麥隆國家足球隊

作者：金竟仔

# 光輝不再

　　喀麥隆國家足球隊於 1959 年成立，並在 1962 年加入了 FIFA，一直是非洲足球的前列份子。

　　喀麥隆是打入世界盃決賽圈最多次的非洲球隊，足有 6 次，分別是 1982、1990、1994、 1998、2002、2010 及 2014 年，是成績最好的非洲國家。喀麥隆在 1990 世界盃分組賽爆冷 1：0 小勝上屆冠軍阿根廷，後來又以 2：1 擊敗東歐勁旅羅馬尼亞以首名進入十六強，再在十六強加時 2：1 贏哥倫比亞。該屆八強，喀麥隆加時以 2：3 不敵當屆殿軍英格蘭，但已經成為首支晉級八強的非洲球隊。

　　90 世界盃之後，喀麥隆此後 5 次都是分組賽出局，2018 俄羅斯更是未入決賽圈。雖然如此，喀麥隆仍然是非洲足球的重要力量，五次贏得非洲盃冠軍、2000 年贏過奧運足球賽金牌，實力不容忽視。

　　這支非洲雄獅盛產射手，90 世界盃大發神威的前鋒 Roger Miller、贏過 2000 及 2002 年非洲國家盃的前鋒 Mboma、曾經效力巴塞隆納（Barcelona）的射手 Eto'o，全部都是一級前鋒。不過，球迷最記得的球員可能是 2003 年洲際國家盃比賽中途心臟病發離世的中場 Foe。正是因為這宗悲劇，令到足球界自此加倍重視球場上的緊急醫療措施。

# 紐維爾舊男孩

作者：金竟仔

金竟仔

# 光輝不再

　　紐維爾舊男孩（Club Atletico Newell's Old Boys），是阿根廷一家深受球迷歡迎的球會，位於阿根廷聖大非省的羅薩里奧市，成立於 1903 年。它是由羅薩里奧市一家英文高校的舊學生組成，用以紀念英國教育家艾薩克·紐維爾（Isaac Newell），因此命名為紐維爾舊男孩。

　　紐維爾舊男孩贏過 6 次阿根廷甲級聯賽冠軍，分別是 1974、1988、1991、1992、2004 及 2013 年。這家球會的青訓系統歷來出產過不少球星，包括 Batistuta、Banega、Samuel、Jorge Valdano、Heinze、Sensini、Pochettino。球王級人馬 Messi 也在少年隊踢過一小段時間，還有已故球王 Maradona 也在 1993 年踢過這一隊，可見這支球隊算得上星光閃閃。

　　雖然近年紐維爾舊男孩在阿甲聯賽成績平平，完全及不上博卡青年及河床等傳統勁旅，不過它仍然受到外界敬重，連 Messi 也公開講過想有朝一日回來獻技，可見這個青訓搖籃在阿根廷足球歷史上佔有特殊地位。

# 歐塞爾

作者：金竟仔

金竟仔

# 光輝不再

　　AJ Auxerre，歐塞爾青年俱樂部(簡稱：歐塞爾)，成立於 1905 年。這家球會位於法國中部勃艮第的市鎮歐塞爾，是歐洲主要球會當中，所在城市規模(總人口只有 4 萬人)最小的一個。

　　歐塞爾於 1905 年由一位修道院神父創辦，早年主要踢地區聯賽，二次大戰之後擴張。1964 年由 Guy Roux 接掌球隊，開始一段表現較好的歲月。Guy Roux 帶領歐塞爾 4 度奪得法國盃冠軍，1980 年首次贏得乙級聯賽冠軍升上甲組，1996 年更首奪法甲冠軍，翌年更在歐洲足聯圖圖盃決賽擊敗德國的杜伊斯堡，首次奪得歐洲賽事冠軍。

　　Guy Roux 在足球生涯末期兼任歐塞爾球員加教練，由 1964 年至 2000 年，連續三十六年，創造了歐洲頂級聯賽紀錄。他在 2001 年至 05 年再任教四年。Guy Roux 退下之後，球隊多年來不斷換帥，2019 年起由 Jean-Marc Furlan 任教至今。

　　歐塞爾之所以有名氣，因為它曾經是法國球壇新星搖籃，並且有不少名將都在此效力過。Eric Cantona、Philippe Mexes、Djibril Cisse 等法國國腳都是在此出道，並因而累積口碑。近年這支球隊在法乙打滾，聲勢大不如前，它在法國球壇仍有一定地位。

# 索察 FC Sochaux

作者：金竟仔

金竟仔

# 光輝不再

　　索察，是位於法國東部蒙貝利亞爾的足球俱樂部，成立於 1928 年，目前在法國乙級聯賽比賽。這家球會以青訓聞名，近期產品包括法國名宿 Lilian Thuram 之子 Marcus Thuram。

　　索察，由標緻汽車的老闆 Jean-Pierre Peugeot 於 1928 年建立，1930 年與 l'AS Montbéliard 合併成為今日的索察-蒙比利亞足球會，1932 年更加成為法國首支職業球隊。由於有財團支持，索察成立初期可以高薪請教練及球員，贏過 1935 年、1938 年兩屆法甲冠軍以及 1937 年法國盃冠軍。

　　二次大戰後索察財力下跌，戰績下滑。1976 年他們成立足球學校，憑藉自家青訓產品站穩陣腳。只是球隊踏入 90 年代之後變成升降機，經常在甲、乙級浮沉，近年主要錦標只有 2004 年的聯賽盃冠軍。不過，球隊仍然有能力培養出色的年輕球員，近年例子是 Marcus Thuram 在 2012 年由青年軍開始，踢到 2017 年才離開一隊轉會另一法甲俱樂部 Guingamp。

　　踏入 2020 年，中國能興集團完成了收購索察足球俱樂部的資本重組，全面接管日常營運。由於能興集團是香港超級聯賽球隊東方龍獅的主要贊助商，因此索察和東方龍獅也算是姊妹球會。

# 卡達足球國家隊

作者：金竟仔

# 光輝不再

卡達是 2022 世界盃決賽圈東道主，早已經得到出賽權。不過，這個中東國家的足球歷史不長，1960 年才成立卡達足協，1970 年加入國際足協，數十年來都未曾試過踢進世界盃決賽圈，是這次主辦盛事才首次出現在這個足球最大舞台。

卡達多年來都未試過躋身世界盃決賽圈，不過在亞洲盃卻 10 次現身決賽圈，包括曾經在 1988 年及 2011 年成為主辦國，最好成績是在 2019 年贏下冠軍。

卡達國家隊以往有一定比例的海外兵團，例如烏拉圭射手 Sebastian Soria 在 2007 年至 2017 年入籍踢卡達，生於蘇丹但入籍的射手 Almoez Ali，這位箭頭至今只是 25 歲，仍是國家隊主力之一。

此外，卡達請來外國足球專家建構 Aspire Academy，培養本土球星。2019 年卡達首奪亞洲盃冠軍，主帥費歷斯山齊士正是 Barcelona 青訓教練系統產品，可見這個國家為了 2022 世界盃決賽圈有好成績，嘗試在入籍兵及本地培訓兩者取得平衡，栽培出一支有戰鬥力的東道主球隊。

# 塞爾維亞國家隊

作者：金竟仔

金竟仔

# 光輝不再

　　眾所周知，塞爾維亞國家隊源自南斯拉夫國家隊，由於政治分裂令南斯拉夫演變成多個國家，塞爾維亞就是 2006 年正式獨立並參賽至今。

　　2006 年世界盃之後，因為塞爾維亞獨立，塞爾維亞與蒙特內哥羅國家聯盟分裂成塞爾維亞國家隊及蒙特內哥羅國家隊。塞爾維亞獨立至今十五年，當中不乏好手，計有曾踢曼聯的守將 Vidic、效力過國際米蘭的中場 Stankovic、長人前鋒 Zigic 等，在 2010、2018 世界盃決賽圈都有亮相，只是未能突破小組賽。

　　歐國盃舞台方面，塞爾維亞相對遜色，自 2008 至 2020 年（因疫情改至 2021 年舉行）連續四屆都未能晉級決賽圈，有待努力。

　　來到 2021 年，塞爾維亞在世界盃歐洲區分組賽以 2：1 擊敗有 Cristiano Ronaldo 在陣的葡萄牙，拿到 A 組首名晉級決賽圈兼將對方踢下附加賽，效力阿賈克斯（Ajax）的隊長 Dusan Tadic 及富勒姆（Fulham）的射手 Aleksandar Mitrovic 成為贏球英雄。正如球隊主帥兼南斯拉夫一代名將 Dragan Stojkovic 所言，會晉級決賽圈的球隊是塞爾維亞，且看這位 2021 年 3 月上任的名宿，能否在卡達世界盃決賽圈再次製造驚喜。

# 威爾斯代表隊

作者：金竟仔

金竟仔

# 光輝不再

　　威爾斯代表隊早在 1876 年 3 月成立，歷來只曾在 1958 年打入世界盃決賽圈，此後多年一直為此目標奮鬥。另一點有趣之處，是威爾斯並非國際奧委會成員，因此並未參加過奧運足球賽。

　　威爾斯只曾在 1958 年出席世界盃決賽圈，是首次英倫四支代表隊一同參賽。他們在此屆與主辦國瑞典、匈牙利及墨西哥分入 C 組比賽，打和所有三場分組賽，與瑞典攜手出線。四強威爾斯對最終冠軍巴西，被年青的 Pele 射入唯一入球，0：1 落敗出局。此後多年，威爾斯在世界盃都未能打入決賽圈，來到 2022 年這一屆他們則打入歐洲區附加賽，爭取歐洲最後 3 席決賽圈席位。

　　威爾斯在世界盃成績不算好，在歐國盃舞台則自 1964 年至 2012 年都不入決賽圈。直到 2016 年法國主辦的歐國盃，威爾斯在 Gareth Bale 及 Aaron Ramsey 帶領下打入 4 強，僅不敵葡萄牙，但這也是他們截至現在為止的國際賽最佳戰績。在 2020 歐國盃決賽圈，他們在 16 強不敵丹麥，未能連續兩屆殺入較後階段。

　　歷史上的威爾斯球星都有不少，包括利物浦一代射手 Ian Rush、自殺離世的中場 Gary Speed、快馬射手 Craig Bellamy、曼聯著名左翼 Ryan Giggs 等。只是

這幾位球星都和世界盃及歐國盃決賽圈無緣，再入世界盃決賽圈的夢想就交由今代及未來的球員實現。

# 光輝不再

# 烏拉圭國家足球隊

作者：金竟仔

金竟仔

# 光輝不再

烏拉圭國家足球隊是歷史最悠久的國家足球隊之一，於 1901 年首次參加正式國際比賽，曾獲得 2 次奧運會足球冠軍、2 次世界盃冠軍和 15 次美洲盃（南美足球錦標賽）冠軍，是目前獲得大洲級別以上賽事冠軍最多的國家隊。

作為一個只有 320 多萬人口的小國，烏拉圭是贏得過世界盃冠軍的國家中人口最少的一個。歷史上只有 7 個人口比烏拉圭更少的國家或地區打入過世界盃決賽圈。另外，烏拉圭亦是贏得過奧運會團體項目金牌的國家中人口最少的一個。

二十世紀二十至三十年代初是烏拉圭足球稱霸世界足壇的時代，除了在美洲盃封王之外，球隊首次參加 1924 年奧運足球賽已經封王，1928 年成功衛冕，並且將當時流行的 2-3-5「倒金字塔」陣型的進攻優勢發揮得淋漓盡致。

1930 年，烏拉圭首次舉辦世界盃並在主場封王，其後 1934 年及 1938 年在義大利及法國舉行的世界盃他們拒絕參賽，直到 1950 年才在巴西世界盃再次參加並且封王。該屆他們更是 2：1 擊敗東道主巴西奪冠，成為巴西人難忘的惡夢。

　　六十至七十年代，烏拉圭迎來低潮期，八十年代復甦，擁有烏拉圭王子中場 Enzo Francescoli 壓陣，但在國際賽舞台仍難復昔日光輝。直到 2010 年，Luis Suarez、Diego Forlan 及 Edinson Cavani 三位頂級射手抬頭，令到烏拉圭隊重拾戰鬥力，更在 2010 南非世界盃拿到殿軍，2011 年更加拿到美洲盃冠軍。

　　然而，隨著 Luis Suarez 及 Edinson Cavani 年紀漸大，該國亦未見有新一代一流球星面世，令到烏拉圭仍未能確保拿到 2022 世界盃決賽圈資格，隨時再次緣盡大賽。

# 光輝不再

# 奧地利國家隊

作者：金竟仔

# 光輝不再

奧地利國家隊曾經七次晉級世界盃決賽圈，最佳一次是 1954 年瑞士世界盃贏得季軍。這支球隊最風光是三十至五十年代，近年戰績已經大不如前。

奧地利在 1934 年義大利世界盃拿到第四、1954年瑞士世界盃 3：1 贏烏拉圭拿到季軍，這是球隊在國際賽場上的最佳戰績。此後五次踢決賽圈，全部都是分組賽止步未入淘汰賽，最近一次參賽已經要數到1998 年法國世界盃，之後連續 5 屆缺陣。歐國盃方面，奧地利只是參加過 3 次決賽圈，2020+1 殺入十六強已經是歷屆最佳戰績。

奧地利在國際賽戰績平平，但歷來也有不少名將，包括 1954 年贏到世界盃季軍的傳奇中場 Ernst Ocwirk、保持 1988 年至 2003 年間為國上陣 103 場的紀錄的進攻中場 Andreas Herzog、1982 年至 2000 年的國家隊神射手 Anton Polster。今代則有效力 Real Madrid 的多面手 David Alaba、前鋒 Marko Arnautovic 等。

奧地利未能打入 2022 卡達世界盃決賽圈，但 2022年仍然有歐洲國家聯賽，奧地利將和法國、丹麥及克羅埃西亞交手，小組首名才能躋身決賽圈爭標。

# 波蘭

作者：金竟仔

金竟仔

# 光輝不再

　　波蘭國家隊是歐洲中游份子，最輝煌的時期是上世紀 70 年代至 80 年代初，曾經贏過 1972 年慕尼黑奧運足球金牌。

　　波蘭在 1921 年 12 月 18 日首次踢國際賽，當時以 0：1 不敵匈牙利。踏入 70 至 80 年代是波蘭國家隊的黃金時期，先是 1972 年贏了慕尼黑奧運足球金牌，憑藉進攻中場 Kazimierz Deyna 進兩球，在決賽以 2：1 擊敗匈牙利封王。之後，波蘭在 1976 年及 1992 年奧運足球賽都得到銀牌，在奧運舞台成績較好。

　　在世界盃比賽，波蘭至今 8 次打入決賽圈，兩次得到季軍，包括 1974 年西德世界盃以 1：0 贏巴西得到季軍，當時是由翼鋒 Grzegorz Lato 一箭定江山；另一次是 1982 年西班牙世界盃，他們在季軍戰 3：2 贏法國。只是，波蘭在 70、80 年代風光之後無以為繼，90 年代至 2000 年後國際賽戰績平平，只有 2002、2006 年打入決賽圈，長時間缺席最高舞台。2018 年，他們再次打入俄羅斯世界盃決賽圈，但是分組賽出局。

　　歐洲國家盃方面，波蘭到了 2008 年才首次踢入決賽圈分組賽，此後 2012（與烏克蘭合辦晉級）、2016 及 2020（2021 年舉行）連續 4 屆都有參賽，最好成績

是 2016 年打進 8 強，但互射十二碼不敵最終冠軍葡萄牙。

　　波蘭在 2008 年後國際賽戰績大有改善，主要原因是有國家隊神射手 Robert Lewandowski 壓陣，這位進球如麻的拜仁慕尼黑前鋒為波蘭國家隊上陣 128 場進 74 球，是帶領球隊爭取佳績的主要元素。目前波蘭仍然在爭取 2022 卡達世界盃決賽圈的資格，能否成事，就要看他們可否在附加賽過關，先在四強擊敗俄羅斯，然後再與瑞典及捷克兩隊勝方爭取歐洲區最後 3 張入場券之一。

# 光輝不再

# 卡塔尼亞

作者：金竟仔

# 光輝不再

　　卡塔尼亞，位於義大利南部西西里島的足球俱樂部，成立於 1946 年，一直是聯賽中下游球隊。來到 2021 年底，球會更是面對破產危機。

　　卡塔尼亞長期以來都處於聯賽中下游，50、60 年代一直都在保級邊緣掙扎，隨後還連降至丙級。1993 年它更因為財政問題，被賽會要求解散，要司法部門介入才能擺平。踏入廿一世紀，這支球會成績回升，2005/06 年球季更以乙級聯賽第二位，升上甲級。

　　2006/07 年球季是卡塔尼亞缺席義甲二十二年後的首個球季，開季成績不俗，雖然吃了數場大敗，但憑著主場的優秀戰績，經歷 20 輪聯賽後，球隊一度高佔第 4 位。但 2007 年 2 月 2 日發生西西里暴亂事件後形勢急轉，這場主場對巴勒摩的西西里德比賽前，敵對球迷之間發生激烈衝突，導致一名警察死亡。事後義大利足球協會專員 Luca Pancalli 取消國內一切足球有關的活動，包括所有聯賽及國家隊的比賽。卡塔尼亞班主兼主席普爾維倫蒂宣佈脫離足球界。

　　當聯賽恢復比賽後，卡塔尼亞被判在當季餘下主場比賽需改在中立球場閉門舉行，球隊狀態亦急劇下跌，連續 12 場不勝，直到 2007 年 4 月底才以 1：0 擊敗烏迪內斯。球季結束，卡塔尼亞只獲得第 13 名，在

聯賽煞科日 2：1 擊敗保級對手切沃才力保甲級席位，僅比降級區域多兩分。

然後，Sinisa Mihajlovic、Diego Simeone、Vincenzo Montella 等前名將在 2009 至 2012 年分別執教過該隊，但都只是過客，未能帶領球隊戰績有突破。直到 2012/13 球季，Rolando Maran 帶隊以 56 分排名第 8，是球隊多年來較佳戰績。不過，卡塔尼亞 在 2013/14 球季完結後降班到乙級，2014/15 球季球隊從乙級再降級，班主 Antonio Pulvirenti 更是承認安排打假球，令球隊慘被扣分。

2021 年，卡塔尼亞賣盤予 Sport Investment Group Italia S.p.A. (S.I.G.I.)，後來又出賣股份予律師 Joe Tacopina。來到 2021 年 12 月底，球會被法庭頒布破產令而將會被行政託管，並擁有 30 日上訴期。如果未有白武士入主或者新轉機，球會可能被逐出義大利聯賽系統。

# 光輝不再

# 塞內加爾

作者：金竟仔

# 光輝不再

　　塞內加爾國家隊創立於 1960 年，並於 1962 年成為國際足總成員之一。這支非洲球隊最威風是 2002 年，先在非洲國家盃拿到亞軍，後來在同年世界盃躋身八強，是繼 1990 年喀麥隆之後，第 2 支能晉身 8 強的非洲國家隊。

　　在世界盃舞台上，塞內加爾兩次打入決賽圈，分別是 2002 年及 2018 年。2002 年世界盃，塞內加爾與法國、丹麥和烏拉圭同組，與 2 支前世界盃冠軍隊為伍，一度被視為魚腩。不過塞內加爾在該屆日韓世界盃揭幕戰以 1：0 擊敗法國，間接使法國在分組賽提前出局，結果塞爾維亞再以 1：1 和丹麥及 3：3 和烏拉圭，晉級十六強。然後，他們在十六強加時 2：1 氣走瑞典，只是八強加時 0：1 不敵該屆殿軍土耳其，但整體表現已經令人眼前一亮。

　　這一屆世界盃的球員包括前鋒 Henri Camara、El Hadji Diouf、中場 Amdy Faye 都被英超球隊招手，是該國歷史上較為人熟悉的一段時間。然而，這一次出席世界盃之後，塞內加爾要等到 2018 年才再次進入決賽圈，並有利物浦前鋒 Sadio Mane 壓陣。他們在首場分組賽贏波蘭 2：1，第二場 2：2 和日本，尾場 0：1 負哥倫比亞，結果成為世界盃史上第一隊因公平競技積分而於小組賽被淘汰的隊伍，無緣晉級淘汰賽。

　　塞內加爾在世界盃戰績不算亮麗，但在非洲國家盃比較出色，除了 2002 年一屆得到亞軍之外，2019 年也打入決賽，只是 0：1 不敵阿爾及利亞再獲亞軍。踏入 2022 年，現時他們正在爭取第 3 次打入決賽圈，想在卡達大展拳腳。

# 光輝不再

# 象牙海岸

作者：金竟仔

# 光輝不再

　　數非洲足球勢力，不得不提象牙海岸國家隊，這支球隊擁有過魔獸前鋒 Drogba、中場大將 Yaya Toure、中堅 Kolo Toure 等名將，曾經在 2006 年至 2015 年有過一段風光日子。

　　象牙海岸歷年來只是踢過 3 次世界盃決賽圈，分別是 2006 年、2010 年及 2014 年，不過全數都在分組賽出局。2006 年世界盃，他們與阿根廷、荷蘭、塞爾維亞及蒙特內哥羅同組而出局，2010 年又抽中巴西、葡萄牙和北韓同組，兩次陷入「死亡之組」結果都未能踢進淘汰賽。

　　雖然在世界盃表現不振，象牙海岸在非洲國家盃卻是拿過冠軍兩次（1992 年及 2015 年）、亞軍兩次（2006 年及 2012 年）和季軍兩次（1986 年及 1994 年）。2012 年，象牙海岸在 Drogba 壓陣下踢入決賽，只是 0：0 悶和尚比亞，再射輸十二碼得亞軍。2014 年 Drogba 退出國家隊，但仍有 Yaya Toure、Gervinho 帶領球隊在 2015 年贏走非洲盃，證明球隊實力。在 Drogba、中場大將 Yaya Toure、中後衛 Kolo Toure 等名將帶領之下，令到 2006 年至 2015 年的象牙海岸在國際賽場仍有一定實力。

　　只是，隨著以上名將退出國家隊，近 5 年只有兵工廠翼鋒 Nicolas Pepe、水晶宮前鋒 Wilfried Zaha 及 AC 米蘭中場 Franck Kessie 等人領軍，實力未如前輩，結果無緣 2018 及 2022 世界盃決賽圈。象牙海岸想再次發光發熱，恐怕要再發掘新的黃金一代球員才可以。

# 光輝不再

# 美國

作者：金竟仔

金竟仔

# 光輝不再

說起美國，大家一想起的運動項目肯定是 NBA 及 MLB，美國國家足球隊較少人留意。然而，美國隊早在 1930 年第 1 屆世界盃決賽圈已經亮相，甚至打進四強拿到季軍，絕對不容小覷。

美國曾經踢過 10 次世界盃決賽圈，1930 年首屆他們打入 4 強，但以 1：6 不敵阿根廷。由於首屆賽事未有季軍戰，因此美國和南斯拉夫一同平分這一屆的季軍。1934 年第 2 屆賽事，美國都有參加，但在十六強已經止步。後來他們再參加 10 屆賽事，始終未及首屆拿到季軍的高度，即使是 1994 年主辦賽事，在小組賽突圍之後在十六強都以 0：1 不敵當屆冠軍巴西而出局。另一次他們踢得較好是 2002 年日韓世界盃，美國以 2：0 擊敗墨西哥打進八強，但在之後以 0：1 不敵德國出局。

除了世界盃，美國最主要參加的賽事是美洲金盃，他們拿過 7 屆冠軍，最近期一次是 2021 年，他們打入決賽並在加時以 1：0 擊敗墨西哥封王。至於美洲國家盃及洲際國家盃，美國隊各自參加了 4 次，前者在 2016 年主辦時拿過第 4 是最佳戰績，2009 年南非洲際盃踢到進決賽，卻以 2：3 負巴西，是球隊在國際賽舞台最接近盃賽冠軍的一次。

　　美國隊在美洲大陸上是實力份子，出產過不少好球員，包括前鋒 Landon Donovan（2000 年至 2014 年）、中場 Clint Dempsey（2004 年至 2017 年）、射手 Brian McBride（1993 年至 2006 年）等，今代出色的人有切爾西中場 Christian Pulisic、踢前鋒的 Timothy Weah（利比亞射手 George Weah 的兒子），還有多特蒙德（Borussia Dortmund）中場 Giovanni Reyna 等。目前美國仍在爭取資格打進卡達世界盃決賽圈，且看這支美洲強雄這次能否突圍，彌補上屆 2018 年俄羅斯世界盃決賽圈缺席的空白。

# 光輝不再

# 埃及

作者：金竟仔

金竟仔

# 光輝不再

　　第一支參加世界盃決賽圈的非洲球隊是哪一隊？答案是埃及。1934 年，當時仍處於君主制時代的埃及參加第二屆世界盃決賽圈，但在第一輪十六強以 2：4 不敵匈牙利止步。

　　埃及歷史上 3 次出席世界盃決賽圈，在 1934 年之後，第 2 次已經要等到 1990 年義大利世界盃，他們在小組賽兩和一負墊底出局。第 3 次是 2018 年在俄羅斯，這一代的埃及有利物浦球星 Salah 壓陣，但是球隊 3 戰全敗出局，只得 Salah 在其中兩場入球挽回一點面子。

　　埃及在世界盃沒有好成績，但是在非洲國家盃卻有一定戰鬥力，拿過 7 次冠軍，包括 1957 年、1959 年、1986 年、1998 年、2006 年、2008 年及 2010 年，其中 1959 年、1986 年及 2006 年三屆是以主辦國身份奪得。

　　當代球迷可能只會認識 Salah 這位世界級的埃及球星，在他之前，司職前鋒的埃及王子 Mido（2001 至 2009 年效力國家隊）是上一代球星，再數向前還有國家隊神射手 Hossam Hassan（176 場進 68 球，1985 至 2006 年效力國家隊）及非洲足球史上最偉大球星之一的翼鋒兼進攻中場 Ahmed Hassan（1995 年至 2012 年

效力國家隊）都是這個非洲國家的經典球星。其中，
Ahmed Hassan 上陣 184 場的國際賽紀錄更是在國際
球壇排名第 3，和 Cristiano Ronaldo 並排，也是了不起
的成就。

# 光輝不再

# 帕爾馬

作者：嘉安

嘉安

# 光輝不再

　　Parma Calcio 1913，前名為 Parma Football Club SpA，簡稱 Parma FC（帕爾馬），是一支義大利球隊。帕爾馬歷年來有不少著名球星效力，最有名氣當然是義大利傳奇門將 Gianluigi Buffon。

　　Parma 成立於 1913 年 7 月，原名 Verdi Football Club。1969 年夏天，該隊與另一足球隊 A.C. Parmense 合併，成為 Parma A.C.。球隊長期徘徊於義大利足球乙級聯賽（Serie B）和丙級聯賽（Serie C），直到 1990 年升上甲級聯賽，並有當地的奶類製品行業巨頭——帕瑪拉特集團買下了球隊 45% 股份，為俱樂部主要贊助商。

　　Parma 在 90 年代曾經非常風光，拿過 3 次義大利盃冠軍、1 次義大利超級盃冠軍、2 次歐洲足聯盃冠軍、1 次歐洲優勝者盃冠軍、1 次歐洲超級盃冠軍。效力過該會的球星多不勝數，計有 Zola、Crespo、Veron、Buffon、Fabio Cannavaro、Adriano、中田英壽等等。

　　2008 年，帕爾馬首次降級到義乙，翌年升級，但去到 2015 年球會破產跌入丁級，其後接連升級，去到 2018 年 5 月底重返義甲。只是，他們在剛結束的球季降級義乙，惟傳奇門將 Buffon 選擇在離開二十年之後的今天回歸，新一季將幫助母會由義乙重新出發。

# 南斯拉夫

作者：嘉安

# 光輝不再

南斯拉夫國家隊，是 1920 年至 1992 年間代表南斯拉夫的足球隊，因為以球員腳法細膩見稱，有「歐洲巴西」之譽。

國際賽層面，南斯拉夫拿過 1960 年奧運金牌，並有 3 次銀牌及 1 次銅牌。南斯拉夫在 1930 年至 1990 年間，曾經 8 次躋身世界盃決賽圈，最佳成績是一次四強（1930 年，無季軍戰）及一次第四名（1962 年），最後一次踢世界盃是 1990 年躋身八強。歐洲國家盃方面，他們在 1960 年、1968 年得到亞軍。1992 年南斯拉夫因為內戰被禁踢歐洲國家盃，丹麥頂上拿到冠軍成為一時佳話。

對於八九十年代球迷來說，天才中場 Dragan Stojkovic、擅射自由球的後衛 Mihajlovic、頂級射手 Mijatovic 都是令人難以忘記的球星。即使後來分裂成多支國家隊，仍然有大量東歐足球人才湧現，輸入歐洲各大聯賽。

現在，處於原南斯拉夫境內並獨立組隊參加國際賽的共有七隊，分別有塞爾維亞、蒙特內哥羅、斯洛維尼亞、克羅埃西亞、波士尼亞與赫塞哥維納、北馬其頓和科索沃。在眾多分裂出來的球隊中，目前以克

羅埃西亞發展最好，他們在 2018 年殺入世界盃，僅不敵法國得到亞軍。

# 光輝不再

# 紐卡索聯

作者：嘉安

# 光輝不再

英格蘭老牌球會紐卡索聯（Newcastle United）成立於 1892 年 12 月，至今已有 128 年歷史。這家位於英格蘭東北部第一大城的足球隊，一直是英倫球壇的中堅份子。球會最近變天，由沙烏地阿拉伯財團收購成為富豪球隊，未來甚至有望重金增兵，成為英超聯賽前列份子。

紐卡索聯的成功來得很早，分別贏過以前英甲冠軍 4 次（1905 年、1907 年、1909 年、1927 年），足總盃贏過 6 次（1910 年、1924 年、1932 年、1951 年、1952 年及 1955 年），及後，球隊也贏過 4 次英冠錦標（1965 年、1993 年、2010 年及 2017 年），在英超都得過 2 次亞軍（1996 年及 1997 年），可見這支老牌球會也有一定實力。

即使紐卡索聯不是爭冠級數球隊，但是歷年來仍有不少著名球星在此效力，包括 80 年代的 Kevin Keegan、Peter Beardsley、Paul Gascoigne，90 年代的 Andy Cole、英格蘭大軍一代射手 Alan Shearer 等。Shearer 在 2006 年退役之後，這支黑白軍團失去能夠扭轉戰局的球星，此後十五年在英超賽場載浮載沉扮演中游球隊角色，甚至降級到英冠再升級回英超。

　　紐卡索聯在 2007 年至 2021 年都由精打細算的班主 Mike Ashley 控制，直到 2021 年 10 月終於成功賣盤予沙烏地阿拉伯財團，有望在未來大變身，組織一支有能力左右大局甚至爭取錦標的球隊。

# 光輝不再

# 米德斯堡

作者：嘉安

# 光輝不再

　　米德斯堡（Middlesbrough），成立於 1876 年的英格蘭老牌球會，也是英超創立時的成員，多年來都在英倫球壇浮沉，但就曾經有不少名將效力，是比較冷門的中游球會。

　　米德斯堡，原本是由當地一家木球會的會員在 1876 年成立，最初足球是木球員在冬天休季時保持狀態而進行的運動，後來反過來成為英倫主流。球隊多年來都是在甲乙丙級浮沉，1986 年更差點因為債務要清盤，幸有該會球迷兼商人 Steve Gibson 在內的財團出手挽救，保住成為英超聯賽 1992 年創辦時的 22 支參賽球隊之一。

　　Steve Gibson 在 1994/95 球季成為球會主席，委任當時曼聯的「神奇隊長」Bryan Robson 為領隊兼球員，1995 年以甲組冠軍身份重返英超。同年，球會遷入新落成 3 萬座位的河畔球場（Riverside Stadium），揭開新的一頁。Gibson 大灑金錢，以破球會紀錄轉會費 525 萬英鎊羅致英格蘭代表 Nick Barmby，又從巴西聖保羅收購 Juninho，95/96 球季以 12 名完成賽事。

　　第二季，球隊大起大落，簽入 Emerson、Fabrizio Ravanelli 及 Mikkel Beck，但 Barmby 在季中轉會艾佛頓（Everton）。球隊打入聯賽盃決賽及足總盃決賽，分

別不敵萊斯特城（Leicester City）及切爾西（Chelsea），最後更以 19 位降至英冠，Ravanelli、Emerson 及 Juninho 結束賽季後便轉會四散。降級之後，米德斯堡成為了升降機，去到 2001 至 2006 年換上 McClaren 執教才有起色。McClaren 不斷買人，包括 Southgate、Maccarone、Geremi、Mendieta、Zenden 及有 Juninho 回巢，2004 年更加在聯賽盃決賽擊敗 Bolton，拿下球會 128 年歷史首項盃賽錦標。

奪冠之後，米德斯堡變得雄心狀志，McClaren 再簽入 Reiziger、Viduka、Hasselbaink 及 Parlour 挑戰歐洲足聯盃（UEFA Cup），2006 年更加打入決賽，但以 0：4 不敵塞維亞（Sevilla）得到亞軍。在此次失利之後，McClaren 離隊轉到執教英格蘭代表隊，Southgate 頂上任主帥兼球員。2007/08 球季，Southgate 更以破球會歷史價值的 1360 萬鎊簽入巴西射手 Afonso Alves。只是，Southgate 未能帶隊保住英超席位，2008/09 球季以第 19 名降級。

Southgate 在 2009 年離隊之後，球會換過不少主帥仍然難逃升降機本色，一直在英超、英冠及英甲中上上落落。目前 Steve Gibso 仍是主席，球會在英冠作賽，仍然是排在中游位置，要再上英超不知等到何時。

# 光輝不再

# 沙爾克 04

作者：嘉安

嘉安

# 光輝不再

沙爾克 04（FC Schalke 04），德國老牌球會，成立於 1904 年 5 月 4 日，目前在德國乙級聯賽比賽。由於球會所在蓋爾森基興曾經是歐洲採煤中心，因而這支球隊又被稱為「礦工」，其主場是為可容納 62,271 人的費爾廷斯球場。

沙爾克 04 的前身是 Sportclub Westfalia 1904 Schalke，隊名來歷是一座叫做「沙爾克」的礦井。因為蓋爾森基興是煤礦城市，所以成員都是煤礦工人。1924 年球隊改名為沙爾克 04。五年後的 1929 年，因獲得蓋爾森基興市的財政協助興建新球場，更名 FC Gelsenkirchen-Schalke 04。

沙爾克 04 是 1963 年德甲成立時的創辦成員，不過球會從未曾贏得德甲聯賽冠軍。創會多年，只曾贏過 3 次德國盃（1972 年、2001 年及 2002 年），德甲最佳成績是 2010 年的德甲亞軍。在歐洲賽方面，他們就曾經贏過 1997 年歐洲足聯盃（UEFA Cup），當年憑藉互射十二碼在決賽擊敗國際米蘭（Internazionale）封王。

近十年沙爾克 04 戰績反覆，2020-21 賽季在德甲一開季連續 14 場不勝，最後降級至德乙兼引起球迷騷亂，仍然有待升班。歷史上的球員大多是實而不華，

如 60 至 80 年代的守將 Klaus Fichtel、曾是西德代表隊前鋒的 Klaus Fischer、目前成為沙爾克 04 領隊的前鋒 Asamoah 等。其中，皇家馬德里（Real Madrid）的傳奇前鋒 Raul 曾在 2010 至 2012 年期間效力，成為一時佳話。

# 光輝不再

# 貝爾格勒紅星

作者：嘉安

# 光輝不再

　　貝爾格勒紅星，是塞爾維亞最大和最成功的球會之一。它在南斯拉夫時代已贏過十八屆聯賽冠軍，南斯拉夫解體後則贏得六次冠軍，是塞爾維亞獲得最多聯賽冠軍的球會。

　　紅星曾經四十五次參加歐洲各級別的球會賽事，其中奪得 1990/91 年歐洲聯賽冠軍盃冠軍，是球會歷史上最成功的一次。這支冠軍球隊當年中場實力強勁，擁有 Prosinecki、Mihajlovic、Savicevic 等球星，都是南斯拉夫未解體前的足球精英。1991 年，他們更是擊敗智利球會 Colo-Colo 贏得豐田盃（洲際盃），是唯一一支東南歐球會贏得此項殊榮。

　　貝爾格勒紅星歷史上最成功的球星有活躍於 60、70 年代的左翼 Dzajic、90 年代的 Jugovic、90 年代末至千禧年活躍的中場 Stankovic 及曼聯中後衛 Vidic，都是在此球會出頭。雖然貝爾格勒紅星在 90 年代因為南斯拉夫解體被削弱實力，近年在歐冠聯也未必一定殺入分組賽，但目前球隊正是由一代中場 Stankovic 執教，有機會也不妨支持這隊塞爾維亞最佳球會，看看是否可以令你有驚喜。

# 布雷西亞

作者：嘉安

# 光輝不再

　　布雷西亞（Brescia）是目前在義大利乙級角逐的老牌球會，成立於 1911 年，多年來都是在甲級和乙級徘徊。論實力這支球隊絕對不是爭冠份子，但神奇地不少著名球星都曾在此效力，令布雷西亞成為義大利的球壇奇葩。

　　布雷西亞成立初期，在第三級別的聯賽中參賽。1912 年，布雷西亞第一次升上甲級聯賽，並連續六個球季在甲級角逐。之前都是在最高級別的甲級及乙級作賽的布雷西亞在 1982 年降班到丙級，直到 1985 年球隊才升回乙級，但此後多年都是升降機。

　　1994 年，布雷西亞贏得了英格蘭-義大利盃（Anglo-Italian Cup）冠軍，是目前俱樂部取得的最高榮譽。到了 2000 年，布雷西亞真正廣受關注，因為他們簽入了前世界足球先生 Roberto Baggio，在義甲聯賽拿到第 7 位，更加獲得 UEFA Intertoto Cup 的參賽資格。其後球隊更加殺入此項賽事決賽，只是不敵巴黎聖日耳曼隊得亞軍。

　　Roberto Baggio 在布雷西亞效力 4 季，令這支球隊廣為人識。在 2004 年 Baggio 退役之後的第一季，球隊在 2004/2005 季度排名義甲 19 位降落乙級，再次變成升降機。

　　雖然如此，布雷西亞擁有過不少著名球星，包括羅馬尼亞中場 Gheorghe Hagi、西班牙傳奇的名帥 Josep Guardiola、義大利一代中場 Andrea Pirlo、義大利前國腳射手 Luca Toni、Mario Balotelli 等，令到這支球會始終未被人遺忘。且看這支球隊在前義大利射手 Filippo Inzaghi 帶領下，可否再次升上義甲挑戰群雄。

# 光輝不再

# PSV 恩荷芬

作者：嘉安

嘉安

# 光輝不再

　　PSV 恩荷芬（PSV Eindhoven），荷蘭甲級聯賽球隊，成立於 1913 年，來到 2021 年已經有 108 年歷史。PSV 和阿賈克斯（Ajax）及費耶諾德（Feyenoord）在荷蘭鼎足而立，被稱為荷蘭三大球會。

　　PSV 踢法崇尚進攻，特別擅長培養中前場球員，是眾多職業球員踏上巨星之路的跳板，很多年輕又富有潛質的球員曾在此效力，踢了幾季後就會被其他歐洲豪門青睞而轉會。PSV 經典球星，包括萬能俠 Ruud Gullit、一代中後衛 Ronald Koeman、巴西獨狼射手 Romario、傳奇前鋒 Ronaldo、通天老倌 Cocu、曼聯鐵衛 Stam、荷蘭前鋒 Van Nistelrooy 和小飛俠 Robben、今代荷蘭國腳中場 Wijnaldum 及前鋒 Depay 等等。

　　論成績，PSV 在荷蘭也是前列，24 次荷甲冠軍、9 次荷蘭盃冠軍、12 次荷蘭超級盃冠軍，在本土不容忽視。歐洲賽層面，PSV 在 1978 年贏下歐洲足聯盃 UEFA Cup 冠軍（歐洲聯賽 Europa League 前身），是球會史上首項歐洲賽冠軍。1988 年，PSV 在名帥 Guus Hiddink 領導之下首次贏得歐洲盃 European Cup 冠軍（歐冠聯前身），在決賽 0：0 賽和本菲卡（Benfica）之後，互射十二碼氣走對手封王，Ronald Koeman 當時是球員之一。

在荷蘭球壇，PSV 最主要對手就是阿賈克斯，這兩支球隊也是聯賽冠軍常客。但以聯賽冠軍數量而言，仍是 35 次封王的阿賈克斯較佳。

# 光輝不再

# 波爾多 Bordeaux

作者：嘉安

嘉安

# 光輝不再

　　波爾多，是位於法國西南部吉倫特省的首府波爾多的足球俱樂部，成立於 1881 年，曾經六次贏得法甲聯賽冠軍。

　　波爾多是在 1882 年 2 月 1 日以體育俱樂部名義成立，最初純粹是一個體育俱樂部，1910 年才成立足球部，成為波爾多足球俱樂部。1919 年波爾多首次參與正式聯賽，那時只是業餘性質，1937 年才把球隊職業化。二次大戰前，波爾多一直在低級別聯賽打滾，直到 1945 年才正式升上甲級，初期只是升降機，一直到 1950 年才贏得俱樂部首次法甲冠軍。

　　八十年代波爾多正式起飛，贏過 1984/85 球季、1986/87 球季及 1986/87 球季法甲冠軍，同時贏過 1985/86 球季、1986/87 球季法國盃冠軍。多年以來，波爾多是默默奪冠的球隊，贏過 6 次法甲聯賽、4 次法國盃、3 次聯賽盃及一次超級盃，歐洲賽場也贏得過歐洲足總托托盃（1995/96 球季）的冠軍。

　　波爾多歷史上不乏名將，包括 80 年代有法國國家隊中場 Alain Giresse、90 年代有球王級人馬 Zinedine Zidane、前鋒 Christophe Dugarry 及左後衛 Bixente Lizarazu 等。踏入 2021 年，波爾多因疫情影響經濟收

益受損，大股東 King Street 決定撤資，目前仍然在尋
找買家接盤。

# 光輝不再

# 聖保羅

作者：嘉安

嘉安

# 光輝不再

巴西聖保羅足球會（Sao Paulo FC），簡稱聖保羅，它是巴西其中一支最成功的足球會，成立於 1930 年。曾經出產無數球星，包括前鋒 Careca、中場 Rai 及近代球星 Kaka，還有擅射罰球的門將 Rogério Ceni 都曾效力此隊。

聖保羅最成功是在 90 年代，由名帥 Telê Santana 執教，主力中場 Rai 領軍，1991 年，他們擊敗阿根廷球隊紐維爾舊生（Newell's Old Boys）摘走南美自由盃（Copa Libertadores），同年又在東京 2：1 擊敗巴塞隆納贏得洲際盃 Intercontinental Cup（即現在的俱樂部世界盃 FIFA Club World Cup 前身），風頭一時無兩。

Santana 在 1996 年因身體問題退下火線，此後多年球會發展反反覆覆。2021 年，球會改由阿根廷一代射手 Hernan Crespo 執教，5 月贏下巴西聖保羅省聯賽冠軍，慢慢尋回勁旅本色。

在國際賽層面，聖保羅可以說是最成功的一支球隊，贏過 12 項國際賽獎項，包括一次俱樂部世界盃及兩次洲際盃，冠絕各支巴西球隊。

# 東德足球隊

作者：嘉安

嘉安

# 光輝不再

　　東德足球隊，在 1952 年至 1990 出現過的國家隊，是源於德國政治變化而生的代表隊。1949 年 5 月，二次世界大戰之後，德國被蘇美英法四個國家分區占領，一個國家被分成東德和西德。蘇聯更在 1961 年建立柏林圍牆，防止東德被西方國家滲透及影響。

　　東德後來向國際足聯申請成為會員，正式參加國際賽事，但是他們在短暫歷史上從未踢過歐洲國家盃決賽圈，在世界盃決賽圈只曾參加一次，就是 1974 年西德舉行的那一屆，該屆賽事最後由西德拿到冠軍。有趣的事情是東德在這屆首圈分組賽以 1：0 擊敗西德，但是在到次圈分組賽未能突圍入決賽，最後以第六名畢業。

　　另一次是 1990 年世界盃決賽圈，東德在最後一場資格賽分組賽只要賽和奧地利即可以晉級，不過他們以 0：3 不敵奧地利，最終無緣前往義大利參賽。隨著德國在 1990 年 10 月統一，東德和西德重新合併，東德最後一場賽事是 1990 年 9 月友賽 2：0 擊敗比利時。原本東德和西德在 1990 年 11 月有一場友誼賽慶祝國家統一，但因為東德觀眾騷亂而告吹。

　　東德在世界盃及歐國盃未有好成績，反而在奧運舞台成績不錯，包括 1964 年東京奧運銅牌、1972 年

慕尼黑奧運銅牌、1976 年蒙特婁奧運金牌及 1980 莫斯科奧運銀牌。

　　東德歷年都有不少名將，包括活躍於七八十年代的前鋒 Joachim Streich、踢過東德及統一後德國隊的前鋒 Ulf Kirsten、同樣踢過東德及德國的著名防守中場兼自由人 Matthias Sammer 等。

# 光輝不再

# 諾丁漢森林

作者：嘉安

# 光輝不再

諾丁漢森林（Nottingham Forest），英格蘭老牌球會，成立於 1865 年，曾經是在歐洲足壇輝煌一時的球隊，也是英格蘭最老的職業足球會。

諾丁漢森林曾經在七十年代威震一時，贏過一次英甲冠軍（1977/78 球季）、三次英乙冠軍（1906/07 球季、1921/22 球季、1997/98 球季）、一次英丙冠軍（1950/51 球季）、足總盃冠軍兩次（1897/98 球季、1958/59 球季）、聯賽盃冠軍四次（1977/78 球季、1978/79 球季、1988/89 球季、1989/90 球季）。當中，最重要是連贏改制前的歐冠冠軍兩次（1978/79 球季、1979/80 球季）以及一次歐洲超級盃冠軍（1979 年），是上世紀最威風的英格蘭球會之一。

英格蘭人 Brian Clough 在 1975 年加盟出任領隊，1976 年有 Peter Taylor 任助教，正是在二人合作之下，球隊稱霸歐洲，而且在 1978 年創造過聯賽連續 42 場不敗，這個紀錄去到後來 2004 年才被兵工廠的跨季 49 場聯賽不敗打破。1982 年至 1993 年，Brian Clough 仍是主帥，在任足有 18 年，不過 Peter Taylor 在 1982 年起沒有再任助教，令球隊戰績未有如七八十年代般輝煌。去到 1993 年，Brian Clough 離開主帥崗位，改由 Frank Clark 接任。

　　英超成立之初，森林都是創辦成員之一，不過因為戰績反反覆覆變成升降機，最後一季踢英超已經是 1998/99 球季。此後，球隊一直在英冠及英甲徘徊，目前是在英冠聯賽角逐。森林多年來有不少名將效力，包括英格蘭一代門將 Peter Shilton 曾在 1977 年至 1982 年效力，還有以一百萬鎊轉會而來的前鋒 Trevor Francis（1979 年至 1981 年）、北愛爾蘭中場 Martin O'Neill（1971 年至 1981 年）、英倫左後衛 Stuart Pearce（1985 年至 1997 年）、Roy Keane（1990 年至 1993 年）等。不過自從 Brian Clough 離隊之後，這支老牌球會往後多年都未見起色。

# 光輝不再

# 阿斯頓維拉

作者：嘉安

# 光輝不再

　　阿斯頓維拉（Aston Villa），英超中游球隊，2021年 11 月招攬了利物浦傳奇球星傑拉德加盟任領隊而成為焦點。阿斯頓維拉由 1847 年成立至今已經有 147年歷史，絕對是英倫球壇的老牌球會。

　　阿斯頓維拉於 1874 年由伯明翰城地區教堂成員組成，成立之初已經打響名堂，在 1887 年贏得足總盃冠軍。後來，1888 年英格蘭頂級聯賽成立，維拉也成為足球聯盟創辦成員，並且到 1910 年已經 6 奪英甲聯賽冠軍。

　　阿斯頓維拉在二戰後浮沉，一度跌落第三級聯賽，直到 1981 年才再一次贏得甲組冠軍。1982 年，阿斯頓維拉更打入歐洲聯賽冠軍盃決賽（歐冠聯前身），由射手 Peter Withe 入球，以 1：0 擊敗拜仁慕尼黑套冠。

　　阿斯頓維拉在 1987 年一度跌落英乙，1988 年即升回英甲，其後更成為英超創辦的成員之一，兼在1993 年拿到首屆英超亞軍。然而阿斯頓維拉在英超表現飄忽，2016 年降落英冠，直到 2019 年才升回英超。來到 2021 年 11 月，球會找來傑拉德出任領隊，爭取改善聯賽成績。

　　阿斯頓維拉歷年來拿過 7 次英甲冠軍、7 次足總盃冠軍、5 次聯賽盃冠軍，甚至拿過歐洲聯賽冠軍盃

及歐洲超級盃（1982 年）冠軍，在本地及歐洲賽都有成績。

名將方面，球隊曾經有過前鋒 Dwight Yorke、Emile Heskey、Dion Dublin、Juan Pablo Angel、中堅 Gareth Southgate 等，都是華實兼備的球員。另一點有趣之處，是英國威廉王子曾經表示自己是阿斯頓維拉的死忠球迷，因為該會 1982 年贏得歐洲超級盃，該年正是他的出身年份。

# 光輝不再

# 凱撒勞頓

作者：嘉安

# 光輝不再

　　凱撒勞頓是一間位於德國凱撒勞頓的足球俱樂部，它是德甲聯賽創辦成員之一，總共贏過四次德甲冠軍、兩次德國足總盃及一次德國超級盃冠軍。

　　凱撒勞頓在 1900 年成立，當時德國的足球聯賽是沿用地區聯賽制，分區冠軍再進行淘汰制全國錦標賽以決定總冠軍。凱撒勞頓早在 1950 年代贏過兩次全國性聯賽冠軍（1951 年、1953 年），隨後兩年（1954 年及 1955 年）亦獲得亞軍。1954 年瑞士世界盃，西德首奪冠軍，被稱為「伯爾尼奇蹟」，當時隊中共有五名凱撒勞頓球員在內。1963 年德甲成立，凱撒勞頓由於拿過成績，故被挑選為首批征戰德甲的俱樂部，但是他們要等到 1991 年才奪得德甲聯賽冠軍，也是球會史上第三個冠軍。

　　多年歷史之中，凱撒勞頓在 1997/98 球季以升級馬身份成為德甲冠軍，這在德國足球史上是獨一無二的故事。Olaf Marschall 在該季攻入 21 球，成為聯賽射手榜亞軍，僅較勒沃庫森射手 Ulf Kirsten 少一個入球失落金靴。正是這一季奪冠，德國中場 Michael Ballack 開始為人認識。然而，凱撒勞頓在 1998/99 球季歐冠聯踢得不算好，在八強以兩回合 0：6 不敵拜仁慕尼黑，拜仁則在決賽補時負曼聯，後者該屆成為三冠王。

　　凱撒勞頓 1998 年德甲封王，之後多個賽季都是保級邊緣，終於 2005/06 球季降級德乙。不過在此段時間球會也有名將出現，德國隊一代前鋒 Miroslav Klose 在 2000 年至 2004 年在此隊效力，後來才跳到文達不來梅、拜仁慕尼黑及拉齊歐發展。

　　凱撒勞頓九十年代短暫風光過後，之後多年都是在升級及降級之間徘徊。2021/22 季度，凱撒勞頓在德丙角逐，想要升回德甲似乎仍要一段時間。

# 光輝不再

# 切沃

作者：嘉安

嘉安

# 光輝不再

切沃（Chievo），位於義大利北部威尼托區維羅納市的足球俱樂部，於 1929 年成立，踏入 2021 年因為財困現已解散，改作以青年軍為主，未有參加任何聯賽。

切沃在 1986 年才首次加入乙級聯賽，2001 年俱樂部歷史上首次升上甲級聯賽，由 Luigi Delneri 執教創造佳績。升上義甲的第一季，球隊表現突出，曾經擊敗國際米蘭及有連續 6 星期時間排在榜首，最後以第 5 名完成球季，並且獲得參加歐洲足聯盃（UEFA CUP）的資格，反而當季同市的維羅納降級義乙。因為這一季的演出，切沃被美名為「神奇球隊」。

切沃在甲級撐了 6 年，在 2006/07 球季降至乙級，2007/08 年火速拿到乙級冠軍，是球會歷史上唯一一個乙級冠軍。2008/09 球季切沃再升上義甲，此後到 2019 年跌跌撞撞下仍然保住甲級位置。只是去到 2021 年，球隊因為財力問題無法按時完成乙級聯賽註冊手續，被取消新球季參賽資格。目前切沃改為以青年軍為主運作，未有註冊任何級別的聯賽。至於前隊長 Pellissier 以 FC Clivense 為名義運作成立新球隊，把它當作是切沃的延伸，在義大利聯賽最底部作賽。

　　另外值得一提，切沃有個綽號叫作「會飛的驢子（I Mussi Volanti）」。此綽號是由切沃同市死敵維羅納所改，因為切沃大部份時間都在義甲以下作戰，90年代兩隊首次於義乙碰頭，維羅納送了一句「如果切沃上到甲級，驢子都會飛（Quando i mussi volara, il Ceo in Serie A）」的吟唱給對方。結果，當切沃升上甲級之後，就以會飛的驢子來稱呼自己。

# 光輝不再

# 格羅寧根

作者：嘉安

# 光輝不再

　　相比起阿賈克斯、PSV 恩荷芬、費耶諾德等荷蘭甲級聯賽大球會，格羅寧根只是小師弟，但這家在 1971 年成立的球會多年來都有一定戰鬥力，而且培養過 Arjen Robben、Luis Suarez、Virgil van Dijk 等名將，絕對不容忽視。

　　格羅寧根在 1971 年 6 月 16 日成立，多數時間都在甲組角逐。雖然他們曾經在成立後第三季降至乙組，後來也重返甲組競爭。格羅寧根在 80 年代發展較好，在 Erwin Koeman 及弟弟 Ronald Koeman 帶領下，球隊在 1982/83 球季拿到第 5 名，然後 1983/84 球季首次躋身歐洲賽，參加 UEFA Cup(現名為 Europa League)。不過，Ronald Koeman 在 1983/84 球季轉去阿積士，令球隊戰鬥力受損。

　　格羅寧根在荷甲一直排在三巨頭之下，唯獨是 1990/91 球季他們拿到第 3 位，是球會史上最佳成績，前鋒 Hennie Meijer 和拍檔 Milko Djurovski 該季共入 27 球，前者更是贏得荷蘭足球先生美譽。

　　論成績，格羅寧根歷年來最佳是 2014/15 球季贏到荷蘭盃冠軍，也是球會史上唯一冠軍。論育人，16 歲的荷蘭翼鋒 Arjen Robben 在球會出道，烏拉圭射手 Luis Suarez 在 2006/07 球季踢此隊登陸歐洲，荷蘭守

將 Virgil van Dijk 在 2011 至 2013 年在此出道，可見這支球隊培養球員有一手。另外有趣的一點，是 Robben 掛靴後在 2020/21 球季復出踢了 7 場，成為一時佳話。

# 光輝不再

# 帕梅拉斯

作者：嘉安

嘉安

# 光輝不再

　　帕梅拉斯，2022 年 2 月才和切爾西（Chelsea）競逐俱樂部世界盃（Club World Cup）冠軍，雖然功虧一簣，但仍然讓外界見到這支巴西球會的實力。

　　帕梅拉斯，目前於巴西甲級足球聯賽比賽，來自巴西的聖保羅省。它創立於 1914 年，原稱義大利體操體育俱樂部，在 1942 年才改名至今。

　　帕梅拉斯被巴西媒體公認為國內二十世紀最佳球隊，他們自 1960 年首奪甲級聯賽冠軍，至今累積 10 次，並有 4 次拿到巴西盃冠軍、1 次拿到巴西冠軍盃錦標、25 次拿到巴西聖保羅省聯賽冠軍、3 次拿到南美自由盃冠軍等。單論獎盃數目，沒有一支巴西球隊及得上他們。

　　眾多錦標之中，較為矚目是 1999 年首奪南美自由盃冠軍，當年他們由巴西名帥 Scolari 執教，在兩回合賽事擊敗哥倫比亞球隊 Deportivo Cali 封王。

　　帕梅拉斯歷來都有不少巴西國腳效力過，較著名有 90 年代及千禧件代活躍的 Edmundo、Rivaldo、Roberto Carlo、Cafu，今代則有 Gabriel Jesus 曾經在2015 至 2016 年效力。

# 布萊克本流浪者

作者：嘉安

# 光輝不再

布萊克本流浪者（Blackburn Rovers）是蘭開郡布萊克本市的足球俱樂部。它成立於 1875 年，是 1888 年英格蘭足球聯賽成立的創始成員，也是 1992 年英格蘭超級聯賽創辦時的成員之一。

布萊克本流浪者在 1912 年和 1914 年分別取得甲級聯賽冠軍，但在其後的八十多年均未能再次奪得頂級聯賽的冠軍。足總盃方面，他們拿過 6 次冠軍，但都是在 1928 年之前發生的事情。最近期的一次冠軍，要數到 2001/02 季度，他們在聯賽盃決賽以 2：1 擊敗托特納姆熱刺（Tottenham Hotspur）封王。

布萊克本流浪者最風光是在上世紀九十年代，1991 年 10 月，前利物浦總教練 Kenny Dalglish 出任領隊，帶領球隊升級踢首屆英超。1992 年，球隊購入 22 歲的南安普頓（Southampton） 前鋒 Shearer，為爭取佳績打好基礎。

球隊在 1992/93 季度拿到英超第 4，1993/94 季度拿到亞軍，1994/95 球季更是贏下球會史上唯一一次英超冠軍，當年 Shearer 全季英超進了 34 球、搭檔 Sutton 進 15 球，二人的前鋒組合令敵衛聞風喪膽，媒體甚至冠以"The SAS" （Shearer And Sutton）的美號。

　　只是，布萊克本流浪者在這一季風光之後開始下滑，Shearer 在 1996 年轉會紐卡索聯（Newcastle United）之後更令前線失去光采，此後多年在英超、英冠及英甲等級別浮沉，2021/22 球季仍在英冠角逐，爭取重返英超舞台。值得一提的是俱樂部格言「Arte et labore」， 解作「利用技巧與勞力」，十分符合這隊硬漢風格的傳統英倫球隊。

# 光輝不再

# 里茲聯

作者：嘉安

嘉安

# 光輝不再

英超聯賽有眾多球隊，重視青年軍發展的里茲聯別樹一幟，今代在狂人領隊 Bielsa 帶領下挑戰群雄，但在高手眾多的今天，他們想脫穎而出殺上前 10 名卻困難重重。

里茲聯前身是 1904 年成立的里茲城，1919 年里茲聯正式繼承里茲城至今。1970 年代之前，里茲聯大多在甲乙級間徘徊，在名宿 Donald George Revie 帶領下，培育了不少名留青史的名將。在 1961 至 1974 年的十三年間取得兩次甲級聯賽冠軍、一次足總盃冠軍、一次聯賽盃冠軍、兩次國際城市博覽會盃冠軍、一次乙級聯賽冠軍和一次慈善盾。然而在 Donald George Revie 離任後，里茲聯開始衰退，直到 1990 年代球隊回勇，於 1991/92 球季取得最後一屆甲級聯賽冠軍。

里茲聯在英超最風光的日子，是 David O'Leary 在 1998 年至 2002 年這四年的執教時期，他們在這幾季一直排在英超前 5 位。特別是 2000/01 球季，他們在歐冠聯先後擊敗拉齊歐（Lazio）及 AC 米蘭（AC Milan）打進四強，只是球隊不敵瓦倫西亞（Valencia）出局。這一季，他們擁有中後衛 Woodgate、前鋒 Alan Smith、翼鋒 Harry Kewell、左後衛 Ian Harte 等好手，在歐冠聯掀起一股青春風暴，表現備受好評。

　　然而，歐洲賽短暫光輝之後，里茲聯戰績下滑，在 2003/04 球季結束後降到英冠。此後，里茲聯因為財政及實力問題不斷降級，結果要等到 2019/20 年度球季，他們拿到英冠錦標，在降級之後事隔十七年再次升上英超。回歸英超首季，他們以第 9 名畢業，只是來到 2021/22 球季，里茲聯未有如其他球會般大灑金錢買人，結果回歸英超第 2 季卻面對更激烈的競爭，長時間只是排在聯賽下半版，想爭上前 10 位越來越難，因此外界都估計領隊 Bielsa 可能季後離任。

# 光輝不再

# 桑普多利亞

作者：嘉安

# 光輝不再

　　桑普多利亞（Sampdoria），它是一支義大利西北部利古里亞大區熱那亞市的足球隊，於 1946 年成立，曾經在 80、90 年代創造威風歷史。

　　八十年代是桑普多利亞的全盛時期，這段時間曾 3 度奪得義大利盃冠軍，分別是 1984/85、1987/88、1988/89，後來在 1993/94 季度第 4 次拿到此項盃賽冠軍。1989/90 球季，桑普多利亞更是擊敗安德萊烈赫（Anderlecht）拿到歐洲優勝者盃（UEFA Cup Winners' Cup）錦標。

　　在 1990/91 季度，桑普多利亞更是拿到義大利甲級聯賽冠軍，是球會史上唯一一次。這次聯賽冠軍之旅是由球隊六十年代舊將 Vujadin Boskov 出任總教練，手下名將有 Gianluca Pagliuca、 Gianluca Vialli、Roberto Mancini、Toninho Cerezo、Pietro Vierchowod 及 Attilio Lombardo 等。這支球隊在 1991/92 季度殺入歐冠決賽，只是不敵巴塞隆納（Barcelona）得到亞軍。

　　九十年代的桑普多利亞在初段有過輝煌歷史，之後也陸續簽入名將如 Jurgen Klinsmann、Enrico Chiesa、Juan Sebastian Veron、Sinisa Mihajlovic、Clarence Seedorf 等。不過，球隊後來無心戀戰，球星四散，1999 年終於降落乙級聯賽。

　　此後多年，桑普多利亞變成升降機，一直在甲級及乙級徘徊，較好成績已經是 2009/10 季度拿到甲級聯賽第 4 名，並且創造主場 13 勝 6 平的不敗戰績，拿到歐冠聯資格。來到 2022 年的今天，Sampdoria 仍是在甲級角逐，不過與前列 5 強位置無緣。

# 光輝不再

# 川崎讀賣

作者：剛田武

剛田武

# 光輝不再

　　川崎讀賣是日本職業足球史上一支重要球隊，它成立於 1969 年，近代易名為東京綠茵。

　　日本在 1968 年墨西哥奧運拿到足球賽銅牌，引來足球風潮，日本足協便去尋找棒球隊讀賣巨人的主席正力松太郎，游說他成立足球隊，結果造就讀賣 FC 的誕生。由 1969 年至 1983 年，這是讀賣 FC 的成長期，去到 90 年代日本成立日職聯（J League），讀賣在 1990/91 及 1991/92 球季贏下未改制前的 JSL 錦標，1993 及 1994 年又以川崎讀賣名義贏下日職聯冠軍，連續四屆封王，在日本頂級聯賽合共贏過 7 次冠軍，是歷史上獲得冠軍最多的一隊。

　　讀賣在 90 年代初擁有三浦知良、北澤豪及瑠瑋 Ramos 等名將，球場上呼風喚雨，但隨著經濟下滑及日職聯初期的熱潮冷卻，川崎讀賣開始走下坡，1996 年天皇盃冠軍已是球會在 90 年代最後的獎盃。讀賣後來面對後起之秀川崎前鋒及橫濱水手冒起顯得有心無力，2001 年改名為東京綠茵 1969 再戰江湖，2004 年更贏多一次天皇盃冠軍。只是球隊始終未能回復 90 年代風采，由 2009 年降級跌入日乙聯賽，一直在中下游浮沉，至今仍未有力升回日職聯角逐。

# 蘇聯國家隊

作者：剛田武

剛田武

# 光輝不再

　　蘇聯國家隊，是蘇聯解體前的國家足球隊，當時包括俄羅斯、烏克蘭等球員在陣，曾是世界上的一支強隊。

　　蘇聯在足球歷史上曾經 7 次參加世界盃決賽圈，最好成績一屆是 1966 年，他們在四強以 1：2 不敵西德。在歐國盃舞台，蘇聯隊戰績更好，包括 1960 年首屆賽事打入決賽，以 2：1 擊敗南斯拉夫奪冠。此外，他們在 1964、1972 及 1988 年三屆歐國盃拿到亞軍，實力強勁可想而知。除了這兩個舞台，蘇聯還在 1956 年及 1988 年奧運拿下足球賽金牌，曾經是歐洲甚至世界歷史上的足球強國。

　　不過，蘇聯在 1991 年解體，最後一次參加大型國際賽已經是 1990 年世界盃決賽圈。政治變卦，令到蘇聯分裂為多個地區，俄羅斯隊主要繼承了蘇聯隊的紀錄，另外獨立起來的球隊有烏克蘭、白羅斯、立陶宛、烏茲別克等。

　　蘇聯國家隊踢法機動兼有效率，歷來出產的球星不少，計有活躍於五、六十年代外號「八爪魚」的門將 Lev Yashin、1988 年歐國盃亞軍隊門將 Rinat Dasayev、1975 年歐洲金球獎得主兼一代射手 Oleg

Blokhin 等等。由於蘇聯年代培養足球員的制度比較嚴格，因此人才輸出也比今代俄羅斯隊更為穩定。

# 光輝不再

# 卜公體育會

作者：剛田武

剛田武

# 光輝不再

卜公，全名卜公體育會，是香港一支帶有地區色彩的足球隊，曾經培育出包括胡國雄與梁帥榮兩位香港足球代表隊隊長，踏入 2021 年剛好是創會五十周年。

卜公，由上環太平山街卜公花園一群熱愛足球的人士組成。卜公花園在戰後初期至 1970 年代，曾經是香港島小型足球的熱門場地，卜公花園一班熱愛足球的青年組成卜公足球隊，至 1971 年正式註冊社團。1970 年代，卜公稱霸小球界，在小型足球總會的 7 個比賽中贏了六個，於是決定加入成為香港足球總會會員。

卜公多年來孕育出無數球星，早期有莫振華、區彭年、鄺演英，1960 年代有「卜公三寶」胡國雄、施建熙、崔永生，以及畢偉康、黎新祥等，1970 年代亦有尹志強、梁帥榮、鄧錦添等不少本港足球人材在球隊成長，及後各人跳出卜公投奔各大小球會發展。

卜公於七十年代活躍於香港足總聯賽體系，1975 至 76 年，卜公以丙組球隊身份殺入初級銀牌決賽，並於決賽憑左翼李劍虹射入十二碼，越級挑戰以 1：0 擊敗乙組強隊怡和勇奪冠軍。1976 至 77 年，卜公獲得香港乙組足球聯賽亞軍，首次升上香港甲組足球聯賽。

　　1977 至 78 年，卜公在甲組首季殺入足總盃決賽，可惜最終不敵精工，屈居亞軍。1979 年 5 月 28 日，甲組聯賽卜公於花墟球場對警察，在天雨下只得 8 名觀眾購票，創下香港甲組足球聯賽最低入場人數紀錄。1978 至 79 年，卜公在甲組包尾，在甲組只角逐了兩個球季便降回乙組，自此未再升班。

　　香港足總於 2012 至 13 年重組丙組聯賽，並復辦丁組聯賽。卜公在此前一屆香港丙組(甲)聯賽名列第 17，降落丁組聯賽。不過，卜公在復辦的首屆丁組聯賽成績欠佳，半季之後，在 15 隊中排名包尾被淘汰出局，自此脫離足總體系，只是活躍於小球界別。踏入 2021 年，卜公創會 50 周年，委員會組織活動及撰成特刊，紀錄球會歷年的故事及小球歷史，為本地足運發展留下歷史章節。

# 光輝不再

# 巴士

作者：剛田武

剛田武

# 光輝不再

　　九龍巴士足球隊，簡稱九巴或者巴士，曾是香港甲組勁旅，與南華合演「南巴大戰」深入民心。

　　九巴，成立於 1947 年 3 月，由九龍巴士公司總經理雷瑞德之弟雷瑞熊創立。1947/48 季度申請加入甲組，首屆即獲得季軍。50 年代，九巴與南華競爭激烈，雙方交手被稱為「南巴大戰」，引來搶飛(票)熱潮。1951年，南華與九巴在香港會球場上演冠軍戰，全場滿座，踢至加時仍 2：2 戰平，要擇日重賽，最後南華以 4：1 大勝九巴奪聯賽冠軍，該場決戰日──5 月 4 日更是九巴班主雷瑞熊 37 歲生日。

　　巴士最風光是 1953/54 及 1966/67 兩季奪聯賽冠軍，1950/51 季度奪銀牌賽冠軍，歷年來在各組別共獲十三個冠軍，效力過的名將有衛佛儉、莫振華、羅北、劉志霖、劉添等。1980 年，九巴公司擬申請加價，引來社會輿論批評九巴花錢辦足球隊，結果當年踢乙組的九巴宣布退出球壇。2017 年 6 月，九巴重出江湖參加丙組聯賽，但在 12 隊中排名墊底出局，僅踢一季便再度消失。

# 東方足球隊

作者：剛田武

剛田武

# 光輝不再

　　東方足球隊，是香港足球史上的老牌球會，成立於 1932 年，目前是香港超級足球聯賽的前列勁旅，有不少香港代表隊成員效力。

　　東方在香港足球歷史上曾經拿過 5 次頂級聯賽冠軍，分別是 2015/16 季度的港超聯冠軍以及 4 次港甲冠軍(1955/56 季度、1992/93 季度、1993/94 季度、1994/95 季度)，11 次高級組銀牌冠軍、5 次足總盃冠軍、2 次總督盃冠軍及 1 次菁英盃冠軍。

　　東方成立初期，首項重要錦標是 1939/40 季度奪得高級銀牌冠軍，1955/56 季度奪得甲組聯賽及高級銀牌雙料冠軍。由於東方早年有右派色彩與親台背景，台灣媒體民生報稱東方為「愛國軍」，每次與具有左派色彩的愉園對壘都成為焦點，當年被媒體稱為「國共大戰」。

　　東方在早年仍未是聯賽勁旅，直到九十年代初球隊接收麗新華人及外援班底，其後由 1992/93 年季度起，連奪三屆甲組冠軍，1992/93 季度及 1993/94 季度更成為「三冠王」，創出球會史上最佳成績，被稱為「東方皇朝」。其中於 1992/93 季度，東方創下了香港甲組足球聯賽史上空前絕後的輝煌紀錄：首循環賽事獲得全勝兼零失球，成為輝煌的「三零部隊」(零和零負零

失球）。該季東方主力球員，華人有楊健強、李健和、羅繼華、譚兆偉、李偉文、張金華、賴羅球、趙俊明、潘嘉明等；外援則有希福特（Iain Hesford）、奧沙（Tim O'Shea）、譚拔士（Dale Tempest）、基亞（Ross Greer）、歷臣（Paul Nixon）等，一直為球迷所津津樂道。

可惜，1995/96 季度，東方因贊助商縮減贊助費而改組青春班，成績一落千丈，1996/97 季度更降落乙組作賽。直到 2014/15 季度，東方再次升上頂級聯賽的港超聯，2015/16 季度更加任命女將陳婉婷成為主帥，同時拿下該屆港超聯冠軍。2017 年，東方首次參加亞冠盃分組賽，與中超廣州恒大、南韓職業聯賽水原三星藍翼及日職聯川崎前鋒同組，最終六戰取一分而未能晉級。由於陳婉婷領軍拿到聯賽冠軍，她在 2016 年當選亞洲足協年度最佳女教練，同年又拿到健力士世界紀錄及當選該季香港超級聯賽年度最佳教練，是近年東方較輝煌的日子。

踏入 2021/22 季度，東方改由西班牙人盧比度（Roberto Losada）出任總教練，陣中有門將葉鴻輝、守將馮慶燁、前鋒孫銘謙等香港代表隊成員，爭取在香港超級聯賽及盃賽拿到好成績。

# 光輝不再

# 南華

作者：剛田武

剛田武

# 光輝不再

　　南華，全名南華體育會足球隊，是香港球壇歷史最悠久的足球隊。它成立於 1908 年，比起 1914 年創辦的香港足球總會更早。

　　南華曾經 41 次奪甲組聯賽冠軍、31 次高級組銀牌冠軍及 10 次足總盃冠軍，論獎項在本地球壇獨佔鰲頭。過百年歷史之中，擁有過「中國球王」李惠堂、「南華三條煙」莫振華、姚卓然、何祥友、「神童」黃文偉、「大頭仔」胡國雄等名將。70 年代，南華和宿敵精工合演「南精大戰」，兩隊在該 10 年各奪 5 屆及 4 屆冠軍，為人津津樂道。

　　90 年代，南華在 92 至 94 年一度被東方王朝掩蓋，後來因東方散班盡吸對手精英，坐擁山度士、李健和、歐偉倫、鄭兆聰、譚拔士等球星，95/96 球季聯賽總決賽和快譯通合演激戰，吸引 31,088 名球迷入大球場，是香港足球史上入座人數最高的聯賽記錄。

　　千禧年後球市轉弱，南華在 05/06 年球季降班，得足總挽留兼羅傑承入主，創造 8 年高峰，包括 2009 年亞協盃殺入 4 強，在大球場有 37,459 名觀眾捧場。2010 年，南華更引入畢特及基士文兩位英超球星，轟動一時。後來羅傑承在 2014 年因約滿及官非纏身離

任，商人張廣勇接手 3 季成績反覆，2017 年由港超聯
自降甲組，至今仍未有意升班。

# 光輝不再

# 星島體育會

作者：剛田武

剛田武

# 光輝不再

　　星島體育會，簡稱星島，曾是香港甲組聯賽球隊之一，因行軍迅速而有「噴射機」美譽。

　　星島起源自南洋富商胡文虎，1938 年他在香港創立《星島日報》，其子胡好在 1940 年創立星島體育會。星島起初威震一時，在胡好雄厚財力下向班霸南華挖角，首次參賽(1940/41 年度球季)便獲甲組季軍。戰後復賽，星島在 1946/47 球季首奪甲組冠軍，是球會史上唯一一次，同年星島 B 隊更奪乙組冠軍，成為一時佳話。

　　1947 年，星島遠征英國，好手有「拚命三郎」張金海、「東方馬菲士」何應芬、「花拳繡腿」朱永強、「二叔」馮景祥、「彈弓腳」鄒文治等。及後多年，星島有升有降，1996/97 年奪球會史上最後一次冠軍——總督盃冠軍。綜觀球會 59 年歷史奪過 16 項冠軍，1999 年在胡仙案及有球員涉賄的雙重打擊下，黯然解散。

# 愉園

作者：剛田武

剛田武

# 光輝不再

　　愉園，別稱快活谷，成立於 1950 年，是香港一間具有半地區性質體育會，屬下有足球隊、籃球隊、游泳部、拯溺、桌球部、田徑隊及興趣班，以足球隊最為知名。

　　愉園是香港球壇的傳統勁旅，成立至今七十一年，奪得 6 次香港頂級聯賽冠軍，還有 5 次高級組銀牌、2 次香港足總盃、1 次香港聯賽盃和 1 次香港總督盃，在各頂級賽事奪冠次數累計 15 次。愉園傳統是左派球隊，一開始是 1947 年，5 名畢業於僑光中學的年青人吳啟智、張炳發、張炳雄、謝觀揚和葉榮添組織了球隊參加小型球賽，1950 年以愉園為名，將球隊註冊成合法社團。取名愉園，是因為會址就在跑馬地（英文為 Happy Valley，又稱作快活谷）附近，當年所謂「會址」只是吳啟智的家。

　　球隊成立之後，吸收到中資企業的資金來源，加上創辦人母校為僑光中學，並以愛國主義作為足球隊的理念，因此傳統被認為是左派球隊。愉園的歷史，大約可以分為三個時期，一是 1950 至 70 年的創會早期，由 1957 年丙組開始打起，1965 年首奪甲組聯賽冠軍，黃文偉以 16 歲之齡上陣被冠以「神童」外號，還有六七暴動時一度退出甲組聯賽，暴動結束後在 1968 年復出由丙組打起，令球隊充滿傳奇色彩。

1970 至 2007 年是愉園主要發展的時期，培養過鍾楚維、劉榮業、梁帥榮等香港隊名將，是和「少林寺」南華一樣孕育新星的優秀球隊。快活谷曾經贏過 1988/89 球季甲組聯賽冠軍、1998/99、2000/01 聯賽冠軍、還有 2002/03 及 2005/06 聯賽冠軍，這段日子可以說是最風光的時期。90 年代末至千禧年代，愉園擁有蔣世豪、李偉文、潘耀焯及范俊業等香港隊球員，是球隊爭取到好成績的主要原因。

2008 年至現在，愉園經歷了極長時間的低潮期，包括 2010 年在創會 60 周年因為護級失敗降班乙組，同時鬧出打假球疑雲。2014 年，愉園因財政問題無法維持在甲組比賽，結果跌落丙組。2016 年，愉園由丙組重新起步，甚至在 2019 至 2021 年踢上港超聯兩季。只是，最新發展是球隊因為足主財政問題導致球員欠薪，現時仍在處理錢債問題。快活谷新一季肯定不會留在港超聯，去向如何有待足總發落。

# 光輝不再

# 精工

作者：剛田武

剛田武

# 光輝不再

　　要數香港傳奇球隊，精工肯定上榜。由 1970 年成立至 1986 年退出，這 16 年間，精工就是代表班霸。

　　精工，1970 年由富商黃創山創立，獲得代理日本精工錶的通城公司贊助，因而得名。精工一開始踢丙組，之後連續兩季升班，此後 14 季在甲組吒咤風雲。精工在甲組 14 年，共獲得 40 個主要香港足球獎項，包括 9 次甲組冠軍、8 次高級組銀牌、6 次總督盃、6 次足總盃等。其中，他們於 1979 至 1985 年創下聯賽七連霸，至今仍無人能及。

　　精工橫掃千軍，因為他們囊括最好的華洋球員，包括香港一代球王中場胡國雄、盧福興、曾廷輝、何新華、張子慧、耶蘇居里等好手。1980 年，球隊請來荷蘭教練盧保執教，引入荷蘭前國腳海恩（Arend Haan）、連尼加賀夫（Reinier van de Kerkhof）、迪莊和南寧加（Nanninga），這些荷蘭國腳曾踢過世界盃決賽周，級數超班。

　　精工在球壇威震一時，又安排大量勁旅訪港，包括 1981 年找來馬勒度納在陣的小保加（博卡青年 Boca Juniors）友賽，胡國雄與馬勒當拿交手的場面令球迷津津樂道。只是，1986 年胡國雄退役，足總又宣布新

季不接受外援行全華班制度，黃創山意興闌珊退出，
從此江湖不再有精工。

# 光輝不再

# 寶路華

作者：剛田武

剛田武

# 光輝不再

1976 年，黃創保的寶光實業收購美國寶路華錶廠，沿用胞弟黃創山的策略用球隊宣傳品牌，因此便有寶路華足球隊誕生。

寶路華一開始由精工邀請詹培忠過檔，訂下三年升班計劃，1979/80 季度升上甲組。球隊一開始由英國簽入外援泰利康萊、積奇、奴域基及威爾遜，並有外號「花拳繡腿」的教練朱永強執教，但首季成績不理想。於是朱永強及泰利康萊離隊，由謝東尼擔任領隊及張子岱接手任教，補入何新華及卡路士，成績逐步改善。

寶路華在 8 年內（1976 至 1984 年）6 奪盃賽冠軍，包括 1983/84 球季以 2：0 贏愉園奪取高級組銀牌賽冠軍、兩奪總督盃及足總盃(同為 1981/82 和 1982/83 球季)。1982/83 年和 1983/84 兩個球季，寶路華都拿到聯賽亞軍，僅次精工。謝東尼曾說這兩季是遺憾，但當時黃創保反過來安慰他，拿到盃賽冠軍也是成就。

效力寶路華的名將，包括湯美赫捷臣、陳發枝、余國森、陳雲岳、黃達財、張家平等。寶路華最為球迷記得的一點，莫過於 1983 年邀請應屆英格蘭甲組聯賽及聯賽盃雙料冠軍利物浦訪港，並且借入兵工廠門將柏‧真寧斯（Patrick Jennings）及前鋒阿倫‧辛特

蘭（Alan Sunderland）助拳，比賽吸引 27856 位觀眾
入大球場觀戰，門票收入接近 150 萬港元。翌年，寶
路華邀請有白賴仁笠臣（Bryan Robson）的曼聯來港，
同樣令人津津樂道。

後來香港製造業式微，寶光生意轉差，球隊不再
獲贊助，加上黃創保不滿香港足球總會的行政管理，
於是在 1984 年宣布退出聯賽，並且解散球隊。

# 光輝不再

# 智利

作者：剛田武

# 光輝不再

　　智利國家隊，在南美洲與阿根廷及巴西並列為「ABC 強國」。這支南美球隊在國際賽舞台都有不俗成績，最近期是 2015 年及 2016 年連奪兩屆美洲國家盃冠軍。

　　智利早在 1930 年首屆世界盃決賽圈已經參賽，之後曾經在 1962 年主辦世界盃，當屆他們贏得季軍，是歷來最佳成績。

　　只是 1990 年世界盃資格賽，智利爆出「詐傷罷踢」的醜聞，智利門將 Roberto Rojas 被巴西球迷拋入場內的煙花擊中頭部受傷倒地，因而全隊罷踢。只是國際足聯翻看片段發現他根本沒有受傷，罷踢是為了以欺詐手段取勝，於是判罰他們禁踢 1994 世界盃。此後，智利在 1998、2010 及 2014 世界盃都打入 16 強，較著名是 1998 年 Ivan Zamorano 及 Marcelo Salas 的雙箭頭組合，一直為球迷所津津樂道。

　　美洲盃方面，智利在 2015 年憑著主場之利，最終十二碼大戰擊敗阿根廷奪得首次冠軍。2016 年美洲盃一百年賽事，智利再次在決賽互射十二碼贏阿根廷，連續兩屆封王。

　　來到 2021 年，智利仍在為 2022 世界盃決賽圈資格奮鬥，至十一月底他們排在南美洲區第 6 位，數字

上仍然可以爭取到前 4 位的直接出線資格。就看國際
米蘭前鋒 Alexis Sanchez 及米內羅競技射手 Eduardo
Vargas 是否可以發揮實力，令到這支老牌南美勁旅在
2022 年現身卡達。

# 光輝不再

# 德比郡

作者：剛田武

剛田武

# 光輝不再

　　德比郡（Derby County），位於英格蘭德比的職業足球隊，成立於 1884 年。德比郡最光輝年代是上世紀七十年代，此後多年都是英格蘭各級聯賽的升降機。

　　德比郡在 1972 年及 1975 年曾經兩奪當時頂級聯賽英甲冠軍，歐洲賽方面，他們在 1973 年歐洲盃European Cup（歐冠聯前身）踢入四強，只是不敵 尤文圖斯（Juventus） 無緣決賽。德比郡在七十年代的成功，很大原因是有出色教頭 Brian Clough 壓陣，他在 1967 至 73 年執教該隊，和副手 Peter Taylor 幫助球隊一直進步。直到 1973 年 10 月，二人相繼離去，令到德比郡失去神采。

　　英超成立之後，德比郡在 1996 年升級參賽，但其後多年起起跌跌，始終未能成為英超常客。德比郡歷年來都有不少名將效力，包括英格蘭門神 Peter Shilton（1987 年至 1992 年）、哥斯大黎加前鋒 Wanchope（1997 年至 1999 年）等。最近期的名將則是 Wayne Rooney，他在 2020 年至 2021 年效力，後來成為主帥。

　　來到 2021/22 球季，德比郡因為財務問題進入破產託管程序，同時被倒扣 21 分，在 2021 年十一月底在二十四支球隊之中包尾。除非現任領隊 Wayne

Rooney 能夠化腐朽為神奇，否則以球隊現時走勢，2022/23 球季隨時要在英乙亮相。

# 光輝不再

# 捷克斯洛伐克

作者：剛田武

剛田武

# 光輝不再

　　捷克斯洛伐克國家足球隊，是捷克斯洛伐克在 1922 年至 1993 年的國家足球隊，曾經獲得 1934 和 1962 年世界盃亞軍以及 1976 年歐洲盃冠軍。

　　在世界盃層面，捷克斯洛伐克由 1930 年至 1994 年曾經踢過 8 次決賽圈，最佳成績是 1934 和 1962 年世界盃亞軍，分別不敵義大利及巴西而飲恨。1976 年南斯拉夫歐洲盃，他們踢進決賽，與西德戰至加時踢成 2：2，最後互射十二碼取勝封王。

　　捷克斯洛伐克歷史上上陣最多的球員是右翼 Zdenek Nehoda，他在 1971 至 1987 年為國披甲，上陣 91 次進 31 球。他們的國家隊神射手是 Antonin Puc，在 1926 至 1938 年為國踢了 60 場進 34 球，包括 1934 年世界盃決賽不敵義大利時有份進球。

　　冷戰結束後，捷克斯洛伐克在 1993 年分離為捷克和斯洛伐克，分離後國家足球隊也宣告分家，捷克被視為捷克斯洛伐克的繼承者。

# 秘魯

作者：剛田武

剛田武

# 光輝不再

　　秘魯國家隊，是處於南美洲實力中游的隊伍，它是少數首屆世界盃已參賽的球隊，當時第一屆世界盃於 1930 年在烏拉圭舉行。

　　秘魯在歷史上曾經 5 次踢進世界盃決賽圈，歷年來，最好戰績是 1970 年墨西哥世界盃，他們踢入八強，但以 2：4 不敵該屆冠軍巴西出局。然後，秘魯由 1986 年至 2014 年連續八屆，長達三十六年未能晉級過世界盃決賽圈。直至 2018 年俄羅斯世界盃，他們才拿到南美洲區的資格直接入圍，但在決賽圈仍是分組賽出局。不過，他們在分組賽最後一場 2：0 贏澳洲，是繼 1978 世界盃分組賽贏伊朗之後，相隔四十年來第一場世界盃決賽圈勝仗。

　　在美洲國家盃舞台，秘魯有較好成績，1939 年及 1975 年拿過冠軍，最近一次入決賽是 2019 年，但在決賽 1：3 不敵巴西得亞軍。秘魯一向盛產腳法秀麗的球員，活躍於上世紀 60 至 80 年代的進攻中場兼罰球大師 Teófilo Cubillas、1975 年美洲盃冠軍前鋒 Hugo Sotil 等都是較出名的好手。

　　秘魯國家隊神射手是 Paolo Guerrero，這位年屆 38 歲的射手至今為國上陣 107 場進 38 球，仍然是該隊隊長，他曾經踢過拜仁慕尼黑（2004 至 2006 年），是

該國為數不多的世界級球星。另一位較為人熟悉是曾經踢過英超紐卡索聯的中場 Nobby Solano (1998 至 2004 年、2005 至 2007 年)，他盤傳射皆有水準，但曾經因為沉迷賭博而破產，洗心革面之後，現為今代秘魯國家隊助教及奧運隊主帥。

# 光輝不再

# 拉科魯尼亞

作者：剛田武

剛田武

# 光輝不再

　　拉科魯尼亞位於加利西亞自治區，這是全西班牙僅有的 9 支獲得過西甲聯賽冠軍的球隊之一。球會自從 1906 年成立至今，已經有超過一百年歷史。

　　拉科魯尼亞在 1928/29 球季開始參加乙級聯賽，1941/42 球季他們升級踢甲級，更加興建新主場。1949/50 球季，他們獲得西甲亞軍，僅在聯賽最後一天不敵馬德里競技輸掉冠軍。此後數十年，拉科魯尼亞在甲級及乙級之間徘徊，直到 1992/93 球季，球隊簽入巴西射手 Bebeto 及中場 Mauro da Silva，前者在該季以 29 球成為西甲神射手，並且踢了 4 季，Mauro Silva 更是在球隊效力十三年之久，成為球會傳奇之一。

　　93/94 球季，拉科魯尼亞在球季最後一分鐘戲劇性丟了聯賽冠軍，他們在面對巴倫西亞（Valencia）的比賽最後關頭有 Miroslav Dukic 射失 12 碼，令到對手巴塞隆納（Barcelona）憑藉得球數字壓過他們拿到冠軍。

　　拉科魯尼亞一直追趕西甲聯賽冠軍的美夢，到了 1999/2000 球季終於成真。他們憑藉西班牙籍教練 Javier Irureta 領軍，加上 Noureddine Naybet、Diego Tristan、Djalminha、Francisco Javier Gonzalez Perez、

Roy Makaay 及 Mauro Silva 等球員，終於壓過巴塞隆納、巴倫西亞、皇家馬德里（Real Madrid）等強隊，首次在西甲封王。Javier Irureta 由 1998 年教到 2005 年，除了贏過西甲冠軍，還贏過國王盃冠軍 1 次、超級盃冠軍 2 次，在 2002/03 球季歐冠也打入 4 強，只是不敵後來的冠軍波圖而出局。

好景不常，拉科魯尼亞在 2010 年之後戰績急劇下滑，甚至一度被懷疑打假球鬧上法庭，雖然最後擺脫罪名，但已經令球會元氣大傷。目前球隊一跌再跌，來到 2021/22 季度更是在西班牙丙級效力，想再上甲級不知道要等到何時。

# 光輝不再

# 巴拉圭

作者：剛田武

剛田武

# 光輝不再

南美足球一向攻強於守，眾多國家隊之中偏偏有巴拉圭反其道而行是以防守出色著名，特別是上世紀 90 年代該國有不少出色守將，令到球隊有過「南美洲義大利」的美號。

巴拉圭歷史上曾經 7 次打進世界盃決賽圈，其中 3 次打進十六強，分別是 1998、2002 及 2010，特別是 2010 年南非世界盃更打進八強，他們在十六強互射十二碼擊敗日本，只是八強以 0：1 不敵最終奪冠的西班牙，這一屆已經創造出該國在世界盃的歷史最佳成績。

以成績計算，大家可能最記得巴拉圭踢 2010 世界盃決賽圈，但以球星而言，1998 及 2002 世界盃才是該國較好的一段時間。特別是 2002 年日韓世界盃，守將 Gamarra、擅射自由球的門將 Chilavert、前鋒 Santa Cruz 都是娛樂性十足，這支南美軍團就像義大利一樣打穩守突擊，風格鮮明而令人記住。

巴拉圭在世界盃最佳成績打進 8 強，但是在美洲國家盃曾經兩次封王，分別是 1953 年及 1979 年。在奧運賽場，他們則在 2004 年打進決賽，只是 0：1 不敵阿根廷得到銀牌，但是這一面獎牌卻是該國在奧運舞台多年來零的突破。

來到 2022 年，巴拉圭在世界盃南美洲區資格賽處於下游，難以突圍入決賽圈。這一代該隊也沒有太多球星留在歐洲發展，在南美洲區的勢力中已經跌落下游位置。

# 光輝不再

# 斯圖加特

作者：剛田武

剛田武

# 光輝不再

斯圖加特是德國老牌球會，曾經三次贏過德國甲級聯賽冠軍，九十年代的進攻鐵三角包括進攻中場 Balakov、前鋒 Elber 及 Bobic，三人演出令人津津樂道。

斯圖加特在 1963 年德甲聯賽成立之後成為德甲球隊，他們贏了三次冠軍之中，較有意義是 1991/92 年度德甲冠軍，是東西德統一後首屆德甲冠軍。該屆賽事由於加入了東德兩支球隊，變成擁有 20 支球隊的聯賽。德國前鋒 Fritz Walter 在這一屆為球隊攻進 22 球，勇奪神射手及聯賽錦標雙喜臨門。

九十年代是斯圖加特比較輝煌的時期，進攻中場 Balakov、前鋒 Elber 及 Bobic 在 95 至 97 年合作三季表現出色，被冠以 Magic Triangle 美號並贏下 1997 年德國盃冠軍。然而，隨著 Elber 在 1997 年被拜仁慕尼黑挖角，這個進攻組合隨之瓦解。

千禧年後，斯圖加特沉寂了一段時間，較佳成績是 2002/03 季度拿到聯賽亞軍，擁有 Hinkel、Kuranyi、Hildebrand 及 Hleb 等出色球員。

到了 2006/07 球季，斯圖加特再次贏下德甲聯賽冠軍，好手包括 Pardo、 Antonio da Silva、Mario Gomez、Serdar Tasci 及 Sami Khedira 等等。

　　此後十多年，斯圖加特在德甲及德乙之間浮沉，2019 年任命舊將 Thomas Hitzlsperger 為球會 CEO，2021/22 球季在德甲角逐，但仍然在下游甚至保級區域徘徊，失去九十年代及千禧年初的風采。

　　斯圖加特在青訓方面其實頗出色，現役德國國腳 Timo Werner 及 Serge Gnabry 都是在此訓練，卻沒有在此大紅大紫，反而是轉會之後成名，這家老牌球隊似乎缺乏慧眼。

# 光輝不再

# 博卡青年

作者：剛田武

剛田武

# 光輝不再

　　阿根廷甲級聯賽多年來都是以博卡青年及河床（River Plate）兩大班霸的對抗為主軸，兩者相鬥被稱為國家大戰，甚至被視為工人階級與中產階級的對決。博卡青年之所以名氣極盛，全因為一代球王馬拉度納（Diego Maradona）都曾經短暫效力兩段時間。

　　數聯賽冠軍，包括 1908 至 1930 年代的業餘時期，以及 1931 年首季職業聯賽至今，博卡青年合共 34 次封王，與贏得 37 次冠軍的河床（River Plate）分庭抗禮。在國際賽層面，博卡青年贏過 4 次南美自由盃（Copa Libertadores），1 次洲際盃（俱樂部世界盃），足以證明他們在國內及國際舞台都有戰鬥力。

　　博卡青年多年來出產大量阿根廷國腳，贏過 1986 年世界盃的一代球王馬拉度納在 1981/82 季度短暫效力，1995 至 1997 年更在此踢至收山。另一位人所共知的前鋒 Batistuta 更是神奇，1989/90 球季踢河床，1990/91 轉去踢博卡青年，他更在當時的烏拉圭名帥 Tabarez 教導下轉踢正中鋒，從此開展進球如麻的生涯，1991/92 球季即轉投義大利球隊佛倫提拿（Fiorentina）開始新一頁。

　　除了以上兩大著名鋒將，博卡青年還有國腳中場 Riquelme、風之子 Caniggia、黑腳前鋒 Palermo、野獸

前鋒 Tevez 等好手都曾效力過。然而，博卡青年在 2000
年後造星能力大不如前，輸出歐洲效力的球員不多，
連帶入選阿根廷國家隊的人都極為罕有，何時復興，
要看舊將兼現任教頭 Battaglia 如何扭轉乾坤。

# 光輝不再

# 哥倫比亞

作者：剛田武

剛田武

# 光輝不再

南美足球歷史一向以烏拉圭、巴西和阿根廷為三大強國，哥倫比亞有過一段好日子力追三強，特別是上世紀 80 年代末、90 年代初是該國足球崛起的輝煌時期。

哥倫比亞歷史上踢過 6 次世界盃決賽圈，分別是 1962 年、1990 年、1994 年、1998 年、2014 年及 2018 年。上世紀 80 年代末至 90 年代初，哥倫比亞擁有一批出色球星，因此在國際賽舞台開始有成績，著名球星包括金毛獅王中場 Carlos Valderrama、前鋒 Asprilla 及狂人門將 Higuita 等，在 3 人帶領之下，球隊在 1990 年世界盃歷史性殺入十六強。1993 年，哥倫比亞更在世界排名升上第 1 位，可見當時他們在國際球壇的實力。

只是，1994 年美國世界盃成為哥倫比亞的惡夢，陣中後衛 Escobar 在對美國的比賽輸了一個烏龍球，令球隊此役輸 1：2 兼最終無緣打進十六強。哥倫比亞輸球回國之後，Escobar 更被槍殺，當年有傳是賭博集團找人買凶，反映了哥倫比亞這個犯罪率高及受毒品交易陰影籠罩的國家的負面之處。94 世界盃之後，Valderrama 等球星開始淡出，令到這個南美足球國度實力下跌。

　　直到 2014 年巴西世界盃,哥倫比亞以南美洲區次名身份晉級，該屆更有進攻中場 James David Rodriguez 表現出色,帶隊打進八強,只是不敵巴西無緣四強,但已經創造該國在世界盃的最佳戰績。2018 世界盃,Rodriguez 仍然在陣,球隊首場 1：2 負日本,但後來連勝波蘭 3：0 及小勝塞內加爾 1：0 打進十六強,只是他們以 1：1 賽和英軍,互射十二碼卻輸球而無法再次打進八強。

　　哥倫比亞在世界盃表現未見突出,但在美洲國家盃反而拿過唯一一次冠軍。2001 年,哥倫比亞舉辦美洲國家盃,宿敵阿根廷由於受到恐怖份子恐嚇不參賽,改由宏都拉斯頂上,正是這支奇兵在八強淘汰巴西,令哥倫比亞少了爭冠最大對手,最後哥軍殺入決賽 1：0 小勝墨西哥奪冠,也是這支國家隊至今唯一的國際賽冠軍。

　　來到 2022 年,老將射手 Falcao、中場 Rodriguez、Cuadrado 及門將 Ospina 等一綫球星仍在隊中,大軍仍在爭取卡達世界盃決賽圈資格,第 7 次晉級這個最大舞台。

# 光輝不再

# 摩納哥

作者：剛田武

剛田武

# 光輝不再

　　法國球會臥虎藏龍，曾經 8 次贏得甲級聯賽冠軍的摩納哥是其中之一，而且在此效力過的球星多不勝數，上代 Thierry Henry、David Trezeguet 及今代 Kylian Mbappe 正是當中最著名的法國國腳。

　　摩納哥體育協會於 1924 年 8 月 23 日成立，由數支在摩納哥公國的體育協會合併而成，當中摩納哥體育協會的足球部則在 1919 年 8 月 1 日成立，但一般來說以他們首次參賽球季 1924/25 季計起，因此一向以此當作球會的成立年份。

　　摩納哥的歷史主要分作 4 個時期，首先是 1960 至 1986 年，他們贏了法國盃 4 次，法甲聯賽冠軍 4 次，1976 至 1979 年在此執教的 Lucien Leduc 正是這段輝煌時期的功臣。

　　八十年代末至九十年代，輪到 Wenger、Tigana 及 Claude Puel 3 位名帥登場。Wenger 在 1987 年至 1994 年執教，引入 George Weah、Glenn Hoddle、Jurgen Klinsmann、Youri Djorkaeff 等好手，也有青訓產品 Emmanuel Petit、Lilian Thuram 及 Thierry Henry。Wenger 在 1987/88 首季執教已經拿到聯賽冠軍，1991 年又拿到法國盃，94 年離隊後，輪到 Tigana 接手，他也拿到 1996/97 季度法甲及 97 年法國超級盃冠軍。

1999 至 2001 年輪到 Puel 登場，他帶隊拿到 1999/2000 季度法甲冠軍及 2000 年法國超級盃冠軍。

然後，摩納哥因為財政問題影響，在 2000 年至 2015 年都是浮浮沉沉。當中最好的一段日子，是 Didier Deschamps 帶隊在 2003/04 季度打入歐冠聯決賽，只是飲恨敗於波圖之下，當屆主力球員有前鋒 Fernando Morientes、 Dado Prso、翼鋒 Ludovic Giuly 及 Jerome Rothen 等等。

因應 2000 年至 2015 年載浮載沉的日子，摩納哥搖身一變成為「賣人球會」，陸續將 James Rodríguez、Anthony Martial 等球星售予歐洲豪門，利用轉會收入維持營運。

2016 年至今，是摩納哥歷史上第 4 個主要時期，球隊在 2016/17 球季贏得法甲冠軍，主力正是新世代球王 Kylian Mbappe，在 Leonardo Jardim 執教之下登頂。Mbappe 在 2017/18 球季隨即外借巴黎聖日耳曼，後來更加正式轉會，缺少這位球星加上球會後來又再賣人，成績一瀉千里，先後換上 Henry、Robert Moreno、Niko Kovac 都未有起色。來到 2022 年，球隊由 Philippe Clement 執教，希望保住前列位置。

國家圖書館出版品預行編目資料

光輝不再／金竟仔、嘉安、剛田武　合著—初版—
臺中市：天空數位圖書　2022.04
面：14.8*21 公分
ISBN：978-986-5575-94-6（平裝）
1.CST：足球　2.CST：通俗作品

528.951　　　　　　　　　　　　　111005306

書　　　名：光輝不再
發 行 人：蔡輝振
出 版 者：天空數位圖書有限公司
作　　　者：金竟仔、嘉安、剛田武
編　　　審：龍璍科技有限公司
製作公司：智慧熊投資有限公司
美工設計：設計組
版面編輯：採編組
出版日期：2022 年 4 月（初版）
銀行名稱：合作金庫銀行南台中分行
銀行帳戶：天空數位圖書有限公司
銀行帳號：006—1070717811498
郵政帳戶：天空數位圖書有限公司
劃撥帳號：22670142
定　　　價：新台幣 370 元整
電子書發明專利第　I　306564　號
※如有缺頁、破損等請寄回更換

天空家族
Family Sky
企業集群
Conglomerate

服務項目：個人著作、學位論文、學報期刊等出版印刷及DVD製作
影片拍攝、網站建置與代管、系統資料庫設計、個人企業形象包裝與行銷
影音教學與技能檢定系統建置、多媒體設計、電子書製作及客製化等
TEL ：(04)22623893　　　MOB：0900602919
FAX ：(04)22623863
E-mail：familysky@familysky.com.tw
Https ://www.familysky.com.tw/
地　址：台中市南區忠明南路 787 號 30 樓國王大樓
No.787-30, Zhongming S. Rd., South District, Taichung City 402, Taiwan (R.O.C.)